€ 7.90

Topos plus **Taschenbücher**
Band 639

W0095677

Hermann Joseph Kohl

(K)ein Stern stand über Betlehem

Eine kleine Weihnachtskunde

Topos plus Taschenbücher

Topos plus **Verlagsgemeinschaft**

Butzon & Bercker, Kevelaer | Don Bosco, München
Echter, Würzburg | Verlag Katholisches Bibelwerk, Stuttgart
Lahn-Verlag, Kevelaer | Matthias-Grünewald-Verlag, Ostfildern
Paulusverlag, Freiburg Schweiz | Friedrich Pustet, Regensburg
Tyrolia, Innsbruck Wien

Bibliografische Information der Deutschen Nationalbibliothek

Die Deutsche Nationalbibliothek verzeichnet diese Publikation in der
Deutschen Nationalbibliografie; detaillierte bibliografische Daten sind im
Internet über http://dnb.d-nb.de abrufbar.

Einband- und Reihengestaltung:
Akut Werbung GmbH, Dortmund
Satz: Schröder Media, Dernbach
Herstellung: Pustet, Regensburg
Printed in Germany

Topos plus – ISBN: 978-3-8367-0639-1

www.toposplus.de

Inhaltsverzeichnis

Einleitung 7

Kapitel 1: Beschreibt einige Unterschiede der
Evangelistenberichte am Beispiel der Taufe Jesu
und wie sie zustande kommen 9

Kapitel 2: Textliche Grundlagen des Neuen
Testaments in ihrer zeitlichen Abfolge 13

„Weihnachten" bei Paulus 13

Was die Kindheitsevangelien bei Matthäus und
Lukas erzählen 13

Der Prolog des Johannes-Evangeliums 15

Kapitel 3: Wieso man einen Teil des Prologs
als das Weihnachtsevangelium des Johannes
bezeichnen kann 16

Kapitel 4: Zeigt, dass Paulus, Matthäus,
Lukas unterschiedliche Intensionen beim
Schreiben bewegten 18

Kapitel 5: Gemeinsamkeiten der Evangelisten
Matthäus und Lukas 20

Geistempfängnis 20

Jungfrauengeburt 21

Davidssohnschaft 21

Bethlehem 22

Herodes 22

Kapitel 6: Wie Matthäus im Besonderen die
Geschichte des Mensch gewordenen Gottessohnes
sieht und erzählt 24

Kapitel 7: Wie Lukas im Besonderen die
Geschichte des Mensch gewordenen Gottessohnes
sieht und erzählt 35

**Kapitel 8: Was erzählt Lukas. Inhalte und
Gestaltung des Textes** 42

Verheißung und Geburt des Täufers 43

Verkündigung an Maria 44

Heimsuchung 45

Geburt des Johannes, Beschneidung, Namensgebung
des Johannes, verborgenes Leben des Johannes 45

Geburt Jesu 46

Besuch der Hirten 48

Beschneidung Jesu und Darstellung im Tempel 49

Verborgenes Leben des Jesus in Nazareth 49

Der Zwölfjährige im Tempel 50

Wieder verborgenes Leben in Nazareth 50

Kapitel 9: Synoptischer Text der Kindheitsevangelien .. 52

**Kapitel 10: Stichworte zu Weihnachten und
Worterklärungen** 74

Nachwort 96

Benutzte Literatur 97

Einleitung

(K)ein Stern stand über Bethlehem – eine Behauptung, eine Frage? Jedenfalls wird die Poesie von Weihnachten durch unser Buch nicht zerstört, der religiöse Gehalt nicht zerbrochen, die theologische Aussage der Bibel nicht in Frage gestellt; im Gegenteil. Es soll hinter dem vordergründig und scheinbar historischen Ablauf genau der Kern der theologischen Erzählungen freigelegt und klargemacht werden.

Manche Ungenauigkeiten, Merkwürdigkeiten, scheinbare Ungereimtheiten der Texte werden in ihrer Gegensätzlichkeit neutralisiert, wenn man sie von der Intension des Erzählers her interpretiert und herauskristallisiert, was der Autor seiner Mitwelt, den Menschen damals und seiner Nachwelt, also uns mitteilen wollte.

Man darf die Texte natürlich nicht einfach harmonisieren, das heißt glätten, damit sie passen. Im Grunde müssen sie, wenn Bibel die Geschichte Gottes mit den Menschen und die Geschichte der Menschen mit ihrem Gott ist, wahr sein und zusammenstimmen, selbst da sie von unterschiedlichen Menschen mit unterschiedlichem Instrumentarium und mit völlig unterschiedlichem Temperament erzählt wurden. Wollte man allerdings eine korrekte Zeitleiste mit allen Ereignissen, die beschrieben sind, erstellen, geriete man in erhebliche Schwierigkeiten wegen der Abläufe. Das ist schon ein Beleg dafür, dass die beiden Texte nicht reales Geschehen berichten, sondern in erzählender Form eine geheimnisvolle Wirklichkeit.

Aber es sei uns zu fragen erlaubt; denn sind wir nicht alle ein wenig wie der angeblich ungläubige Thomas, der nach Ostern erst an die Auferstehung Jesu glauben wollte, wenn er seine Hände auf die Wunden gelegt habe. Er wollte sehen, ja fühlen und real erfahren, ehe er sich einließe auf das, was man doch nur im Glauben erfahren kann, nämlich dass Jesus lebt. Wie oft hat jeden schon die eigene Erfahrung in die Irre geführt. Aber glauben heißt nicht einfach etwas für wahr halten, sondern heißt: sich tief einlassen, fest darauf bauen auch gegen allen Anschein völlig vertrauen, wenn man nicht mehr selber messen, zählen, wiegen kann. Da könnten einen manchmal Zweifel überfallen, verunsichern, solange man meint, sich auf sich selbst und seine Sinne verlassen zu müssen und zu können; wenn man nach dem festen Halt, dem starken Grund unter den Füßen, den festen Daten sucht, die jede Berechnung ermöglichen.

Manchmal will ich unkonventionelle Fragen aufnehmen, die vielleicht ein kirchlich Beauftragter nicht für angemessen hält, weil sie Konfliktstoff heraufbeschwören können. Das vor allem im Kapitel 10. Aber noch einmal: die Poesie von Weihnachten wird durch unser Buch nicht zerstört. Im laufenden Text sind einzelne Namen* oder Begriffe* mit einem Sternchen versehen; das bedeutet, sie tauchen im Anhang unter den *Stichworten* auf, sozusagen als kurze Exkursionen, die nicht im Text ausführlich genug dargelegt werden konnten.

Kapitel 1: Beschreibt am Beispiel der Taufe Jesu einige Unterschiede der Evangelistenberichte und wie sie zustande kommen.

Unter Evangelien sind jene Texte gemeint, wie sie uns heute vorliegen, unabhängig von ihrer Entstehungsgeschichte. Wichtig ist nur, dass sie keine Traktate mit historischem oder philosophischen Anspruch sind, sondern Jesus in verschiedenen Bildern erzählen, die Herz und Gemüt der Leser und Hörer ansprechen und auch einer kritischen Prüfung standhalten, wenn man sie als Erzählung und nicht als Protokoll eines Geschehens nimmt.

Als die Verfasser der Evangelien ihre Botschaft vom Leben und Sterben Jesu aufschrieben, war das alles schon lange geschehen. Sie glaubten und bezeugten den göttlichen Sohn, den der Vater vom Himmel gesandt hatte. Es war schon schwer genug, dieses Geheimnis zu beschreiben, zumal sie in unterschiedlichen Gegenden ganz verschiedenen Menschen ihre Botschaft verkünden wollten.

In ihrer Umwelt fanden sie geläufige Bilder vor, die Gleichartiges wie ihre Erzählungen berichteten. So fiel dem Theologen rabbinischer Schule, dem Verfasser des Matthäusevangeliums auf, wie viele Berichte und Zeichen schon in der hebräischen Bibel standen, die genau ausdrückten, was er erfahren hatte und glaubte. Das galt es für ihn, aufzugreifen und immer wieder darzulegen. Daran konnte er für seine jüdische Umgebung anknüpfen und ihr zeigen, dass sie auf Jesus, den Mensch gewordenen Gottessohn, den Messias anzuwenden seien und also Jesus wirklich der Verheißene war.

Nach allgemeiner Erkenntnis schrieb zuerst Markus sein Evangelium. (Im Rahmen dieser Schrift braucht nicht auf die Entstehungsdaten eingegangen zu werden, die von den heutigen Auslegern unterschiedlich angesetzt werden.) Es ist das kürzeste, eigentlich die um verschiedene Predigten erweiterte Leidensgeschichte Jesu. Man kann bei genauem Hinsehen erkennen, dass die Erzählung von Himmelfahrt, die die Auferstehung vollendet, von einem anderen Autor angefügt wurde.

Schon der frühen Kirche war klar, dass das Leben Jesu und seine Auferstehung erst mit der Himmelfahrt wirklich abgeschlossen war. Über Jesu Kindheit und Jugend berichtet Markus nichts, vielleicht weil seine Beschreibung noch auf Augenzeugen dieses Geschehens traf oder weil das Besondere der Botschaft so überzeugte, dass man die so genannte Kindheitsgeschichten nicht brauchte; oder theologisch besser, weil Markus noch keine Notwendigkeit sah, die auch menschliche Natur Jesu so besonders betonen zu müssen. Sie war ihm selbstverständlicher als die Göttlichkeit, die er den Menschen klarmachen wollte.

Bei der Taufe am Jordan wird Jesus von der Stimme des Vaters angesprochen: „Du bist mein geliebter Sohn, an dir habe ich mein Gefallen gefunden."

Der Mensch gewordene Sohn wird von der Stimme des Vaters im Himmel als Sohn bestätigt und auf seinen beschwerlichen (Leidens-)Weg geschickt. Der Leser/Hörer des Textes erfährt nur indirekt, dass Jesus der Gesandte Gottes in der Geschichte ist; er liest/hört seinen Weg von der Taufe bis zur Passion.

Der Weg führt von Galiläa, der irdischen Heimat Jesu, bis nach Jerusalem, wo der Tempel des himmlischen Vaters steht, ohne dass man die einzelnen Stationen dieses Weges genau festmachen kann. Deshalb braucht Markus auch keine Kindheitsgeschichte. Galiläa ist die menschliche Heimat, Jerusalem der Ort der Vollendung seiner Sendung in Gott.

Für Matthäus war das zu wenig. Als theologisch versierter Autor wollte er es genauer sagen. Seine Adressaten waren offensichtlich im jüdischen Leben und in der Religion bewandert. Sie scheinen andererseits ihre Situation bereits als Bruch mit dem am Alten hängen gebliebenen Israel zu verstehen.

Deshalb legt er Wert darauf, dass die Geschichte Jesu nicht einfach eine neue Geschichte ist, sondern folgerichtig und ganz eng mit der Geschichte des Gottesvolkes verbunden ist, geradezu wesentlicher Teil dieser Geschichte ist.

So heißt der erste Vers seines Evangeliums (nicht wie in der Einheitsübersetzung: Stammbaum Jesu sondern) Buch von der Geschichte Jesu, des Sohnes Davids, des Sohnes Abrahams, den beiden Vätergestalten der hebräischen Bibel, die die Bibel Jesu war.

Der so genannte Stammbaum des Matthäus kann gar keine chronologische, genealogische Abfolge sein, sondern ist der kunstfertig gebaute Nachweis, dass Jesu Ursprung mit der Geschichte des Gottesvolkes verbunden ist und seine Besonderheit die Verwobenheit und Erfüllung des Alten Gottesbundes ist.

Deshalb kann und muss seine Erzählung von der Taufe Jesu am Jordan ganz anders ausfallen als bei Markus, und zwar nicht nur ausführlicher und in einem anderen Kontext (Zusammenhang), sondern öffentlich das Volk einbeziehend.

Johannes der Täufer weigert sich zunächst (Mt 3, 14), Jesus zu taufen; es ergibt sich eine Diskussion. Erst auf Jesu Wort: *Lass es nur zu! Denn nur so können wir die Gerechtigkeit (die Gott fordert) ganz erfüllen …* gab Johannes nach. Kaum war Jesus getauft und aus dem Wasser gestiegen, da öffnete sich der Himmel, und er sah den Geist Gottes wie eine Taube auf sich herabkommen. Dann aber folgt eine entscheidende Variante: *Und eine Stimme aus dem Himmel sprach: Das ist mein geliebter Sohn, an dem ich Gefallen gefunden habe.* Das ist nicht nur ein Wort an Jesus, sondern eine Deklaration an die umstehende Gemeinde, ein eindeutiges Zeugnis, dass er der Sohn Gottes ist.

Der Evangelist Lukas ist der dritte der Synoptiker*. (Die drei ersten Evangelien weisen viele Parallelen auf.) Für ihn ist die Taufperikope* ebenfalls wichtig, aber er berichtet nur knapp und fast mit denselben Worten wie Matthäus.

Beim Evangelisten Johannes wird ausführlich eine Begegnung mit dem Täufer erzählt, aber nichts von einer Taufe Jesu. In seinem Prolog hatte er schon die Göttlichkeit Jesu eindeutig beschrieben, da bedurfte es keiner Bestätigung des Vaters am Taufort des Johannes. Sein Evangelium und besonderes der so genannte Prolog ist ein einziger Lobgesang auf den göttlichen Erlöserkönig.

Stellt man die Frage an die Evangelien, zu welchem Zeitpunkt Gott Jesus zum Messias bestellt habe, so kann man für *Markus* sagen, Jesus ist durch die Geistsendung und Proklamation bei der Taufe im Jordan als Messias bestellt worden.

Für *Matthäus* muss man feststellen, dass Jesus schon bei der Geburt als Messias deklariert ist und die ganze Heilsgeschichte von Abraham auf Jesus, den Messias, hinläuft.

Für *Lukas* gilt ebenso, dass Jesus schon bei der Geburt der Sohn Gottes ist und Josephs Stammbaum über Adam bis zu Gott selbst zurückführt.

Für *Johannes* schließlich ist Jesus der Christus der Sohn Gottes und als solcher praeexistent (vor der Erschaffung der Welt); denn: *im Anfang war das Wort* ... (Joh 1,1).

In wichtigen Punkten der Weihnachtserzählungen, die man ausschließlich bei Matthäus und Lukas lesen kann, den so genannten Kindheitsgeschichten, differieren beide erheblich, nicht weil sie beide nicht dabei waren und vielleicht alles ganz anders war, sondern sie wollten mit ihren Erzählungen unterschiedliche Akzente setzen, wie wir gleich bei der Betrachtung der Stellen sehen werden.

Kapitel 2: Textliche Grundlagen des Neuen Testaments in ihrer zeitlichen Abfolge;

Die historisch-kritische Methode hat in vielem Bemühen und ohne letztverbindliche Ergebnisse versucht, die vielschichtige Entstehung der Texte zu erklären. Das ist wichtig, bringt uns aber nur wenig weiter, weil wir die Texte in der heutigen Fassung lesen und akzeptieren, unabhängig davon wie sie im Einzelnen und von wem zusammengestellt wurden. Das zu erklären gibt es wissenschaftliche Forschung und Literatur.

Weihnachten bei Paulus

Aus dem Brief an die Galater:

4,4 Als aber die Zeit erfüllt war, sandte Gott seinen Sohn, geboren von einer Frau und dem Gesetz unterstellt,
5 damit er die freikaufe, die unter dem Gesetz stehen, und damit wir die Sohnschaft erlangen.

Aus dem Brief an die Römer

1,1 Paulus, Knecht Christi Jesu, berufen zum Apostel, auserwählt, das Evangelium Gottes zu verkündigen,
2 das er durch seine Propheten im voraus verheißen hat in den heiligen Schriften:
3 das Evangelium von seinem Sohn, der dem Fleisch nach geboren ist als Nachkomme Davids,
4 der dem Geist der Heiligkeit nach eingesetzt ist als Sohn Gottes in Macht seit der Auferstehung von den Toten, das Evangelium von Jesus Christus, unserem Herrn.

Was die Kindheitsevangelien des Matthäus und des Lukas erzählen.

Vollständiger Text siehe Kapitel 9

Matthäus	Lukas
Stammbaum Jesu von Abraham bis Jesus (1, 1–17)	
	Verheißung der Geburt des Täufers (1, 5–25)
	Verheißung der Geburt Jesu (1, 26–38)
	Besuch Marias bei Elisabeth (1, 39–56)
	Die Geburt des Täufers (1, 57–80)
Die Geburt Jesu (1, 18–25)	Die Geburt Jesu im historischen Umfeld (2, 1–20)
	Das Zeugnis des Simeon (2, 21–40)
Huldigung der Magier (Sterndeuter) (2, 1–12)	
Die Flucht nach Ägypten (2, 13–15)	
Der Kindermord von Bethlehem (2, 16–18)	
Die Rückkehr aus Ägypten (2, 19–23)	
	Der zwölfjährige Jesus im Tempel (2, 41–52)
Johannes der Täufer (3, 1–12)	Johannes der Täufer (3, 1–20)
Die Taufe Jesu (3, 13–17)	Die Taufe Jesu (3, 21–33)
	Die Vorfahren Jesu von Joseph bis Adam, des Sohnes Gottes (3, 23–38)

Der Prolog des Johannes-Evangeliums

1,1 Im Anfang war das Wort, und das Wort war bei Gott,und das Wort war Gott.

2 Im Anfang war es bei Gott.

3 Alles ist durch das Wort geworden und ohne das Wort wurde nichts, was geworden ist.

4 In ihm war das Leben und das Leben war das Licht der Menschen.

5 Und das Licht leuchtet in der Finsternis und die Finsternis hat es nicht erfasst.

6 Es trat ein Mensch auf, der von Gott gesandt war; sein Name war Johannes.

7 Er kam als Zeuge, um Zeugnis abzulegen für das Licht, damit alle durch ihn zum Glauben kommen.

8 Er war nicht selbst das Licht, er sollte nur Zeugnis ablegen für das Licht.

9 Das wahre Licht, das jeden Menschen erleuchtet, kam in die Welt.

10 Er war in der Welt und die Welt ist durch ihn geworden, aber die Welt erkannte ihn nicht.

11 Er kam in sein Eigentum, aber die Seinen nahmen ihn nicht auf.

12 Allen aber, die ihn aufnahmen, gab er Macht, Kinder Gottes zu werden, allen, die an seinen Namen glauben,

13 die nicht aus dem Blut, nicht aus dem Willen des Fleisches, nicht aus dem Willen des Mannes, sondern aus Gott geboren sind.

14 Und das Wort ist Fleisch geworden und hat unter uns gewohnt und wir haben seine Herrlichkeit gesehen, die Herrlichkeit des einzigen Sohnes vom Vater, voll Gnade und Wahrheit.

15 Johannes legte Zeugnis für ihn ab und rief: Dieser war es, über den ich gesagt habe: Er, der nach mir kommt, ist mir voraus, weil er vor mir war.

16 Aus seiner Fülle haben wir alle empfangen, Gnade über Gnade.

17 Denn das Gesetz wurde durch Mose gegeben, die Gnade und die Wahrheit kamen durch Jesus Christus.

18 Niemand hat Gott je gesehen. Der Einzige, der Gott ist und am Herzen des Vaters ruht, er hat Kunde gebracht.

Kapitel 3: Wieso man einen Teil des Prologs als das Weihnachtsevangelium des Johannes bezeichnen kann.

Der Prolog des Johannes (1,1–18) ist wohl das theologisch fundierteste Weihnachtevangelium schlechthin, keine Idylle, keine Engel, keine Schäfchen, nicht die beiden betroffenen Menschen Maria und Joseph. Nicht als wenn das alles nicht sein dürfte. Krippendarstellungen sind oft anschauliche und lebendige Bilder des weihnachtlichen Geheimnisses, wenn sie richtig verstanden werden.

Ganze Bibliotheken sind über diesen Johannes-Text ausgedacht und geschrieben worden. Allein der erste Satz bringt immer, fordert immer wieder neue Versuche heraus. Auf diese Diskussion brauchen wir in diesem Zusammenhang nicht einzugehen. Für uns sind die Verse 9 bis 14 besonders bedeutsam; Der Täufer taucht 6 bis 8 und 15 bis 18 auf.

Das ganze Evangelium ist der äußere Rahmen für die Selbstoffenbarung Jesu in Wort und „Zeichen", in der er sich als der von Gott gesandte Sohn, als Licht und Leben der Menschen bezeugt. Die ganze Darstellung soll den Glauben begründen, dass Jesus „der Messias, der Sohn Gottes ist", durch den die Glaubenden ewiges Leben gewinnen (20,31).

Nach der philosophisch-theologischen Deklaration des Logos (Wort Gottes) beginnt in Vers 6 die „Weihnachtsgeschichte". Dass ein Herold vorausgeht, weist den Logos als König aus. Des Herolds Name ist Johannes, Verse 6–8; er ist Zeuge für das Licht. Am Ende (Verse 15–18) fasst sein Wort noch einmal die Bedeutung Jesu zusammen. Der erste Mose konnte nur das Gesetz vermitteln, Gnade und Wahrheit kamen durch Jesus; denn er hat Gott gesehen und ruht am Herzen des Vaters.

Zwischen diesen philosophisch-theologischen Passagen steht die Weihnachtsbotschaft in aller Eindringlichkeit und Klarheit. Wenn man so will, ist sogar dieser sehr spekulative Text auch den anderen Erzählungen um die Geburt Jesu durchaus nahe. Die Seinigen nahmen ihn nicht auf – Herbergssuche, Geistempfang – nicht aus dem Blut, was die Lebenskraft des Menschen bedeutet, nicht aus dem Willen des

Fleisches – des Menschen, nicht aus dem Verfügungswillen, der Autonomie des Mannes.

Das Wort, wie das Göttliche bei Johannes genannt wird, ist Fleisch geworden, ist in die Welt als wirklicher Mensch geboren und hat den Menschen von der Herrlichkeit Gottes *Kunde gebracht*; er, *der Einzige, der Gott ist und am Herzen des Vaters ruht*. Vom Heiligen Geist als Person ist noch nicht die Rede, wie in den Schlussformeln der meisten Paulusbriefe nicht, obwohl das Johannesevangelium als das pneumatische (den Geist betreffend) bezeichnet wird, weil in ihm vielfach vom Geist Gottes die Rede ist.

Kapitel 4: Zeigt, dass Paulus, Matthäus, Lukas unterschiedliche Intensionen beim Schreiben bewegten.

Es fällt sofort auf, dass Paulus keine Geburts- und Drei-Königs-Idylle kennt, von denen doch unsere weihnachtlichen Krippendarstellungen so zehren. Ganz interessant ist zudem, dass er zwar erwähnt, dass Jesus von einer Frau, geboren wurde, also Mensch, von einer menschlichen Mutter. Obwohl derselbe Paulus die Jungfräulichkeit um Christi willen sehr hoch einstuft, ist nicht von einer Jungfrau die Rede. Dazu später mehr.

In der Römerbriefstelle ist nicht einmal mehr von der Frau die Rede; da heißt es, dass Jesus Gottes Sohn sei und als Mensch eine Nachkomme Davids, in die Fülle des Gottes-Sohn-Sein wieder eingesetzt nach seiner Auferstehung von den Toten.

Alle wesentlichen Komponenten der Aussagen, die über Jesus möglich sind, enthalten die beiden Perikopen (Abschnitte der Schrift): *Jesus ist Gottessohn und wahrer Mensch, in die Zeit gekommen und Mensch geworden, als unser Erlöser.* Mehr Wahrheit können auch die anderen nicht aussagen, aber weil sie insgesamt anders argumentieren, benutzen sie andere Worte, andere Bilder je nach ihrer Art.

Die Paulusbriefe sind insgesamt Lehrverkündigung und in keine Weise auf einen biographisch eingebundenen oder vermittelnden Hinweis angelegt.

Matthäus als gelehrter Rabbiner argumentiert als solcher, weist Jesus als den Mensch gewordenen Gottessohn aus, der für alle Welt (Magiererzählung) gekommen ist und, vom jüdischen König verfolgt, nach Ägypten geführt wird. Ab 4,17 des Evangeliums verkündigt er Jesus, wie er in seiner Lehre von ihm geglaubt wird. In der Vorgeschichte hat er erklärt, wer da verkündigt, nämlich Jesus, der Sohn Davids, der Sohn Abrahams, die absolute Neuschöpfung Gottes (1,18–25), der Erlöser von Sünden, Immanuel, das heißt Gott mit uns, das Ziel der Heiden, der Hirte Israels, der Sohn Gottes, den Antitypos* zu Moses und Israel, der Kyrios, der wahre Sohn Gottes im Unterschied zu Israel, das Gott verraten hat. Er kam nicht nur für sein jüdisches Volk, obwohl beispielhaft als neuer Moses gefeiert (Aufenthalt in Ägypten und Rückruf), sondern für alle Welt. In den Zurückweisungen Satans, die auf die Taufe in der so genannten Versuchungsszene folgen, erweist sich Jesus als der, der die Weisungen des Moses nicht nur predigt, sondern auch lebt; der neue wahre Moses als Führer seines Volkes und der Welt.

Wenn auch die Kindheitsgeschichte nachträglich vorangestellt ist, begründet sie doch sehr konsequent und glaubhaft, was der Evangelist später entfaltet. Sie ist gleichsam der Prolog, der sich bis hin in die Wortwahl im Epilog des 28. Kapitel wiederholt.

Lukas ist in vielen Passagen seines Evangeliums dem menschlichen Leid am nächsten; daher machte die Legende aus ihm einen Arzt. Der Vorläufer (Johannes) und der Vollender (Jesus) werden gemeinsam eingeführt, eine verwandtschaftliche Verbindung zwischen beiden geknüpft, die im Lobpreis des Simeon (siehe besonders Lukas 1,76 ff) auch für ihre Sendung bestätigt wird. Lukas gilt ferner als Anwalt der Armen und der Frauen und zeigt, dass Jesus als einer der Ärmsten und einer der ihren geboren wurde. Er verankert seine Geschichte in der Geschichte der Menschheit, wie der Versuch einer historischen Chronologie zeigt. Er holt weiter aus als Matthäus; seine Erzählung ist fast dreimal so ausführlich und trotz gleicher Thematik ganz anders komponiert.

Die gemeinsamen Themen beider Autoren sind: Davidssohnschaft, Geistempfang, Jungfrauengeburt, Herodes, Bethlehem. Die detailliertere Ausgestaltung gilt als ein Merkmal, dass wohl Lukas auf Matthäus folgt, da nach allgemeiner Auffassung der Textkritik das Ausführliche in der Regel dem Kürzeren folgt, wie man folgerte, dass Matthäus auf dem knapperen Markustext aufbaut.

Kapitel 5: Gemeinsamkeiten der Evangelisten Matthäus und Lukas

Die großen Themen sind – wie eben erwähnt – Geistempfängnis, Jungfrauengeburt, Davidssohnschaft, Bethlehem und Herodes. In diesen Punkten gibt es so viele Übereinstimmungen, dass man annehmen muss, sie sind auf eine gemeinsame Wurzel zurückzuführen, zumal auffällig gemeinsam die Verlobung Josephs mit Maria, die Heimführung*, Geburt Jesu nach der Heimführung, Vorausbestimmung des Namens, Nazareth als Wohnort in der Kindheit Jesu bei beiden vorkommen. Ansonsten sind die beiden Erzählungen so unterschiedlich, dass ihre Eigenart nur auf eine frühe je andere Gemeinde und ihre Traditionsbildung schließen lassen.

Festzuhalten ist: Die Hauptaussagen der beiden uns vorliegenden Weihnachtserzählungen haben eine gemeinsame Wurzel. Um im Bild zu bleiben: deren Schößlinge bilden sich auf unterschiedlichem Boden in manchen Einzelheiten ganz unterschiedlich, je nach der Art ihrer Gemeinden, Autoren, Anforderungen in der Umwelt.

Geistempfängnis

Mt 1,18 ... noch bevor sie zusammengekommen waren, zeigte sich, dass sie (Maria) ein Kind erwartete – durch das Wirken des Heiligen Geistes.
Mt 1,20 Joseph, Sohn Davids, fürchte dich nicht, Maria als deine Frau zu dir zu nehmen; denn das Kind, das sie erwartet, ist vom Heiligen Geist.
Lk 1,34 Der Heilige Geist wird über dich kommen, und die Kraft des Höchsten wird dich überschatten. Deshalb wird auch das Kind heilig und Sohn Gottes genannt werden.

Es ist derselbe Geist Gottes, der am Schöpfungsmorgen über dem Chaos schwebte, Leben bewirkte und den ersten Adam hervorrief und jetzt den neuen Adam Jesus. Nicht Joseph ist der leibliche Vater, sondern der Geist Gottes. Wie Jesus dann in die Ahnenreihe des David gelangen kann, ist für uns Heutige zunächst eine offene Frage.

Jungfrauengeburt*

Mt 1,18 b, c Maria, seine Mutter, war mit Joseph verlobt; noch bevor sie zusammengekommen waren, zeigte sich, dass sie ein Kind erwartete.
Mt 1,25 Er erkannte sie aber nicht, bis sie ihren Sohn gebar.
Lk 1,27 Gabriel wird zu einer Jungfrau gesandt. Sie war mit einem Mann namens Joseph verlobt, der aus dem Haus David stammte. Der Name der Jungfrau war Maria.
Lk 1,34 Maria sagte zu dem Engel: Wie soll das geschehen, da ich keinen Mann erkenne?

Wie schwierig es war, den Zeitgenossen und uns klarzumachen, was das bedeutet, sieht man aus dem immer neuen Anlauf, diesen Sachverhalt darzulegen.

Davidssohnschaft

Mt 1,1 Stammbaum Jesu Christi, des Sohnes Davids; Mt 1,20 Joseph, Sohn Davids;
Lk 1,27 Sie war mit einem Mann namens Joseph verlobt, der aus dem Haus David stammte; 1,32 Gott, der Herr, wird ihm den Thron seines Vaters David geben;
2,4 denn er (Joseph) war aus dem Haus und Geschlecht Davids; 2,11 Heute ist euch in der Stadt Davids der Retter geboren; er ist der Messias, der Herr.

Es ist kein Trick der Evangelisten, Jesus an die Geschlechterfolge zu reihen, sondern jüdisches Recht. Namensgebung ist Adoption, und das heißt Eingliederung in die Familie und den Stamm. So wie in der Genesis Adam die Wesen mit Namen belegt, die er eingliedert in seinen Kosmos, wie er die Frau als im wesensmäßig mit Namen benennt und gleichsam in sein Haus, seine Welt holt Genesis (2,19–23), so holt auch Joseph das Gotteskind Jesus nach der ausdrücklichen Beauftragung durch den Engel in dem juristischen Akt der Namensgebung in sein Haus und das heißt in seine Familie. Aber auch diese Namensgebung ist von Gott durch den Engel vorgegeben. Wegen der jüdischen Rechtslage spielt er bei Matthäus eine auffällig große Rolle als treuer und gerechter Diener Gottes, der seine Weisungen im Traum erhält.

Bethlehem

Mt 2,1 Als Jesus ... in Betlehem in Judäa geboren worden war

Lk 2,4 Als Jesus zur Zeit des Königs Herodes in Betlehem in Judäa geboren worden war, Lk 2,11 ... sagten die Hirten zueinander: Kommt, wir gehen nach Betlehem, um das Ereignis zu sehen, das uns der Herr verkünden ließ.

Unter den vorchristlichen, frühjüdischen Texten, die messianische Erwartungen enthalten, ist bisher kein Text gefunden worden, der die Geburt des Messias im Ort Bethlehem erwartet. Dann wäre weniger das Prophetenwort maßgebend, sondern die Verbindung Bethlehem-David. Das Matthäuszitat, das an Micha 5,1 und 2 Samuel 5,2 (Saul, der König, als Hirt für das Volk) erinnert, ist ja etwas frei ausgelegt. Matthäus, der theologisch aus dem Alten Testament argumentiert, erwähnt Bethlehem fünfmal, Lukas nur zweimal. Auffällig ist nun, dass es außerhalb der beiden Kindheitsgeschichten keinen Bezug Jesus zu Bethlehem gibt, auch nicht bei Paulus, der stark aus der jüdischen Tradition lebt und schreibt. Das kann natürlich darauf zurückzuführen sein, dass es der jungen Gemeinde nicht um biographische Aspekte sondern um die Verkündigung Jesu ging. Das wäre gleichzeitig ziemlich eindeutiger Beweis, dass die beiden Kindheitsgeschichten wesentlich später, als man schon eine gewisse biographische Neugier entwickelt hatte, vorgeschaltet wurden. Andererseits gibt es auch keinen letztlich hinreichenden Grund, daran zu zweifeln, dass Jesus in Bethlehem geboren wurde. Nicht fixieren kann man seinen Geburtstag*.

Herodes

Mt 2.1 Als Jesus zur Zeit des Königs Herodes;
Lk 1,5 Zur Zeit des Herodes ...

Mehr zu Herodes im nächsten Kapitel.

Die Übereinstimmungen zwischen Matthäus und Lukas mögen sich recht bescheiden darstellen, so sind sie es doch in wesentlichen Punkten und in theologisch zentralen Details, wenn auch insgesamt die zahlreichen Unterschiede weit auffälliger sein mögen. Vielleicht liegt für die Gemeinsamkeiten eine gemeinsame Grundlage vor, ein gemeinsames Glaubendbekenntnis (?), vielleicht sind sie allein wegen der Bedeutsamkeit für jede Gemeinde vorhanden was in den verschiedenen Gemeinden jeweils different, von einander ganz unabhängig weiter entfaltet wurde.

Kapitel 6: Wie Matthäus im Besonderen die Geschichte des Mensch gewordenen Gottessohnes sieht und erzählt

Wie immer die Kindheitsgeschichte des Matthäusevangeliums entstanden ist, aus Traditionsströmen mündlicher oder schriftlicher Art oder durch eigene Komposition, das konnten die Wissenschaftler noch nicht verbindlich klären. Allgemein anerkannt ist, dass die Texte im Wissen um die Auferstehung, also nach Ostern entstanden sind und Jesus der in einzigartiger Weise Ausgewählte und Erhöhte ist. Der Autor und die möglichen Redaktoren sahen in Jesus den im Alten Testament verheißenen Messias, Heilsbringer, wie in den vielen Zitaten aus dem Alten Testament im Matthäustext zu ersehen ist. Die Geburt Jesu zur Zeit des Herodes ist ein historischer Faktum, und es gibt eine (oder mehrere Gemeinden), die in diesem Bewusstsein leben.

Die menschliche Dimension Jesu deutet das Matthäusevangelium, oder wie wir der Einfachheit halber sagen Matthäus, dadurch an, dass er in einer ganz kunstvollen Komposition einen irdischen Stammbaum aufzeigt und Jesus als Sohn Abrahams und Sohn Davids schildert und damit als wahren Juden und Königssohn legitimiert.

Der Stammbaum des Matthäus weist drei Perioden zu je 14 Geschlechtern auf, wie der Autor 1,17 selbst erklärt. Erster Abschnitt ist die Väterzeit bis zum großen König David, der zweite umfasst die Zeit der Könige ab David bis zur Babylonischen Gefangenschaft, der dritte die Zeit seit Babylon. Bemerkenswert ist das letzte Glied der Kette, wo das Besondere um die Geburt Jesu bereits ausgesprochen ist: Jakob aber zeugte den Joseph, den Mann Marias, aus der erzeugt wurde Jesus, der Christus genannte.

Für die Menschen der Zeit des Matthäus ist das Bewusstsein für Zahlen ganz lebendig, da die hebräischen Buchstabenzeichen auch Zahlzeichen darstellen. 14 ist die Verdoppelung (Verstärkung) von 7, der Zahl der Vollendung von Himmel und Erde. Außerdem ergeben die Zahlenwerte des Namens DVD (David ohne die Vokalzeichen wie im Hebräischen üblich) 6, 4, 6 die Summe von 14; dreimal vierzehn das ist somit eine besondere Steigerung. (Mehr in Kapitel 9 Stichwort: Zahlensymbolik.)

Schon dieser Text hat sein Vorbild im Alten Testament, in 1 Chronik 1–3, wenn auch Matthäus für seine Komposition das Vorbild bald verlässt. Diese Genealogie (Geschlechterfolge) ist nicht historisch-biographisch, sondern theologisch orientiert, wenn auch Bezüge zur Historie bestehen. Das will Matthäus ja genau, Jesus als in der Geschichte der Menschen verankert auszuweisen.

Dass es sich nicht um eine historisch gemeinte Aufzählung handelt, lassen die sehr unterschiedlichen langen historischen Zeiträume erahnen, die dieser Dreiteilung zugeordnet wurden. Bei genauer Zählung hat die letzte Periode auch nur 13 Generationen. Es geht um die Darstellung der Entwicklung von Abraham auf Jesus hin, Jesus als das Ziel der Geschichte. Mit ihm kommt Gott an das gesetzte Ziel, obwohl auf dem Weg dorthin ein auf'und ab des Gottesvolkes zu beobachten war. Die große Zeit der Könige und das Elend der Babylonischen Gefangenschaft können das Ziel der Geschichte nicht aufhalten oder gar von der Erfüllung abhalten.

Warum mögen zwei irdische „Väter" Jesus genannt werden? Einmal könnte Abraham als Vater des Glaubens angesprochen sein, in dessen Fußstapfen der „Sohn" Jesus tritt, zum anderen ist Abraham derjenige, dem großer Segen zugesprochen wurde für alle Geschlechter der Erde, der Vater vieler Völker. Dieses „Erbe" tritt Jesus ebenfalls an als der Messias, der neue Heilsbringer.

David ist als einziger mit seinem Titel König genannt. Ihm wird verheißen:

2 Sam 7,12 Wenn deine Tage erfüllt sind und du dich zu deinen Vätern legst, werde ich deinen leiblichen Sohn als deinen Nachfolger einsetzen und seinem Königtum Bestand verleihen.

Wenn Jesus der Sohn Davids ist, dann ist er auch der verheißene Erbfolger, der lang erwartete Heilbringer, der Messias.

Es gibt eine Eigenart des Matthäus, dass nämlich Geschehnisse zweifach erzählt oder von zwei Menschen oder Menschengruppen bezeugt werden. So könnten Abraham und

25

David die beiden notwendigen Zeugen für ein bei den Juden gültiges Zeugnis sein.

Auffällig sind im Stammbaum die vier Frauennamen, die nicht etwa den Stammmüttern Sara, Rebekka, Lea, Lehel zugehören, wie vielleicht eher zu erwarten gewesen wären als die Namen Tamars, der Aramäerin, die mit etwas zweifelhaften Methoden einen Erben zeugen lässt, Rahabs, der kananäischen Dirne, der Moabitern Ruth, einer Ausländerin, und der nicht eben auf rühmliche Weise zur zweiten Frau Davids gewordenen Hethiterin Batseba, die nur die Frau des Urija genannt wird. Ob damit die Universalität Abrahams unterstrichen wird, ob sie bereits ein Hinweis auf die das Judentum überscheitende Heilsverkündung oder diese Nennung vielleicht auf Maria hinweisen könnte und ihre ungewöhnliche Einbindung in den Stammbaum, darüber streiten sich die Exegeten.

Jedenfalls ist der Abschluss der Reihung ungewöhnlich. In Vers 16 heißt es noch, Jakob zeugte den Joseph, womit er ganz eindeutig in die Reihe der Davididen (Davidsfamilie) eingereiht ist. Dann aber heißt es, Joseph, der Mann Marias, aus der erzeugt wurde (passivisch und zu ergänzen wäre: durch Heiligen Geist) Jesus, der Christus (= Messias) genannte.

18 Mit der Geburt Jesu Christi war es so: Maria, seine Mutter, war mit Joseph verlobt; noch bevor sie zusammengekommen waren, zeigte sich, dass sie ein Kind erwartete – durch das Wirken des Heiligen Geistes.
19 Joseph, ihr Mann, der gerecht war und sie nicht bloßstellen wollte, beschloss, sich in aller Stille von ihr zu trennen.
20 Während er noch darüber nachdachte, erschien ihm ein Engel des Herrn im Traum und sagte: Joseph, Sohn Davids, fürchte dich nicht, Maria als deine Frau zu dir zu nehmen; denn das Kind, das sie erwartet, ist vom Heiligen Geist.
21 Sie wird einen Sohn gebären; ihm sollst du den Namen Jesus geben; denn er wird sein Volk von seinen Sünden erlösen.
22 Dies alles ist geschehen, damit sich erfüllte, was der Herr durch den Propheten gesagt hat:
23 Seht, die Jungfrau wird ein Kind empfangen, /
einen Sohn wird sie gebären, /
und man wird ihm den Namen Immanuel geben, /

das heißt übersetzt: Gott ist mit uns.
24 Als Joseph erwachte, tat er, was der Engel des Herrn ihm befohlen hatte, und nahm seine Frau zu sich.
25 Er erkannte sie aber nicht, bis sie ihren Sohn gebar. Und er gab ihm den Namen Jesus.

Nach dem Vorbild Genesis 16,11 wo Hagar die Geburt Ismaels angekündigt wird, geht das Engelwort an Joseph. Hier ist Joseph* der wichtigste, über ihn läuft die Davidssohnschaft Jesu. Matthäus kennzeichnet ihn als gerecht und gottesfürchtig, so sehr auf die Botschaft des Boten Gottes, der ihm im Traum erschien, vertrauend, dass ihn nicht mehr die Zweifel, sondern eine neu gewonnene Überzeugung führt. Er nimmt Maria als rechtmäßige Frau in sein Haus, ohne seine Rechte als Ehemann einzufordern, und er erkennt Jesus als seinen Sohn rechtlich an, indem er ihm den vom Engel zugesprochenen Namen gibt und damit als Sohn Davids in die Geschlechterfolge einreiht.

Jesus steht im Geschlechtsregister an der Stelle, wo der erwartete königliche Messias aus dem Hause Davids steht. Gottes Heilsplan ist also aufgegangen. Das auch in einer anderen Weise, die Gott durch den Propheten Jesaja hatte verkündigen lassen und die Matthäus auf Jesus bezieht als Ankündigung des Immanuel (Gott mit uns).

7,14 Darum wird euch der Herr von sich aus ein Zeichen geben: Seht, die Jungfrau* wird ein Kind empfangen, sie wird einen Sohn gebären und sie wird ihm den Namen Immanuel geben.

Es war Gottes Heilsplan, dass sein Sohn als Messias, nicht aus dem Willen und der Schaffenskraft eines Mannes, jedoch als Mensch geboren wurde.

Die Geburtsszene finden wir, anders als bei Lukas, bei Matthäus nicht. Her klafft eine scheinbare Lücke. Sie ist übersprungen, weil auch sie nicht nötig ist; denn dass der Messias für Israel geboren ist, bedarf für Matthäus keiner besonderen Ausführung.

Im zweiten Kapitel erzählt Matthäus vier Episoden, die unter dem Thema stehen: Gott hat die alttestamentliche Heilsgeschichte von Abraham an auf diesen Jesus, den Messias hingeordnet und seine Verwurzelung in dem königlichen Geschlecht Davids bewirkt. Das Messiaskind wird in der Verfolgung durch die weltliche Macht des Herodes von ihm geschützt, nach Ägypten geleitet, wie der Urvater Joseph und herausgeführt wie ehemals das ganze Volk Israel.

Die vier Episoden sind die Geschichte der Magier, die Flucht nach Ägypten, der Kindermord von Bethlehem, die Rückkehr aus Ägypten. Sie sind eng miteinander verwoben, und alle vier zeigen, dass es sich um Verheißungen handelt, die im Alten Testament grundgelegt sind.

Dass bei Matthäus so oft im Traum die Weisungen Gottes ergehen, hat bereits sein Vorbild im Alten Testament, man denke nur an den Traum Jakobs, die Träume des Pharao und die Interpretation durch den ägyptischen Joseph, den Traum des Propheten Elias, des Daniel und anderer mehr.

Die Erzählung von den Magiern (μάγοι bzw. Magoi, wie im griechischen Text steht). Schon die Übersetzungen machen vielerlei Schwierigkeiten, weil natürlich nicht Zauberer gemeint sind. Sind es Sterndeuter im Dienste der babylonischen Herrscher, nicht zu verwechseln mit heutigen Astrologen, sind es Weise, sind es gar Könige, wie die Legende weiterspinnt und wir heute in Krippendarstellungen so farbenprächtig und anschaulich darstellen? Vielleicht kommt der Begriff der Weisen dem am nächsten, was Matthäus sagen will, denn es geht darum, dass Zeugnis gegeben wird für den Messias von Menschen, die nicht seiner Glaubensgemeinschaft zugehören, sondern der geistig-politischen Oberschicht der Welt.

Sie kommen dem Aufgang (der Sonne, der Entstehung des Lebens, so wie der Westen der Raum des Endes, des Untergangs der Sonne bedeutet, wie es ganz ausgeprägt bei den Ägyptern ist.). Im Osten wurde der Garten Eden angelegt und östlich davon die Kerubim hingestellt, die den Zugang zum Baum des Lebens verwehren sollten. Adam und Ava wurden als nach Osten in Gottesfernes Land, das Land der Heiden vertrieben. Geleitet durch einen Stern, das heißt ein kosmisches Zeichen, das in damaliger Zeit dem Himmel, dem Überirdischen zugerechnet wird, kommen die Magier. Matthäus kann auf die Vision Bileams verweisen (Numeri 24):

6 Spruch dessen, der Gottesworte hört,
der die Gedanken des Höchsten kennt,
der eine Vision des Allmächtigen sieht,
der daliegt mit entschleierten Augen:
17 Ich sehe ihn, aber nicht jetzt,
ich erblicke ihn, aber nicht in der Nähe:
Ein Stern geht in Jakob auf,
ein Zepter erhebt sich in Israel.

Ein Stern* ist ein üblicher antiker Topos (Punkt) für die Geburt eines großen Mannes; bei der Geburt Alexanders der Großen, Julius Cäsars, des Kaisers Augustus. Auf Münzen Antiochus IV, des Augustus, des Herodes erscheint der Stern als Symbol für den Herrscher. Der Stern als Zeichen ist auch in den Midraschim* (die Bibel oft in erzählender Form auslegende Texte) bei der Geburt des Abraham, des Isaak, des Mose zu finden und Jesus ist als Führer seines Volkes der neue Moses. Der Stern von Bethlehem ist das Zeichen für den, der die Herrschaft als der Messias antreten soll, ein geistiges Zeichen für eine in die Geschichte eintretende Realität. Noch bei Markus 3,31 f. scheint es gar, als hätten seine Mutter und Verwandten nichts gewusst von den eigentümlichen Begleiterscheinungen der Geburt Jesu.

Was sollte weise Männer in der Realität veranlassen, von weither und sicher auf beschwerlichem Weg in das kleine Völkchen der Israeliten zu gehen und das Heil der Welt gerade dort zu suchen? Dabei wissen die klugen Leute nicht einmal von der geistlichen Bedeutung, sondern suchen das Ereignis im politischen Zentrum Jerusalem. Warum sollte sie der Stern in die Irre geführt haben? Wie sollte er nach der Belehrung plötzlich wieder zu sehen sein und wider allen natürlichen Ablauf von Norden nach Süden ziehen, um dann über einem Haus stehen zu bleiben. Sind Joseph und Maria plötzlich begütert, dass sie in einem Haus wohnen? Wieso sollte sich der zu Recht misstrauische Herodes auf das Zeugnis Fremder verlassen und nicht seine Spione aussenden, die es zuhauf gab, um sich kundig zu machen, wo ein möglicher Rivale sei?

Die Magier sind die wissenschaftlich hervorragenden, frommen Zeugen für den Messias, Männer, die sich von der

Gottheit geführt wissen. Sie sind die Stellvertreter der Völker; denn es steht geschrieben:

Jesaja 60,3 Völker wandern zu deinem Licht und Könige zu deinem strahlenden Glanz.

Herodes sucht sich ihrer zu bedienen, wenn sie den möglichen Konkurrenten ausfindig gemacht hätten, aber Gott warnt sie durch seinen Engel. Die Gaben, die sie mitbringen, Gold, Weihrauch (Jesaja 60,6) und Myrrhe (Hohes Lied 3,6) sind kostbare, wahrhaft königliche Geschenke. Diese Dreizahl führte später zur Legendenbildung der „Drei Könige". Möglicherweise auch im Reflex auf Psalm 72,10, wo die fremden Könige den verheißenen König besuchen und ehren, vor ihm niederfallen und ihm huldigen, wie auch Jesaja 60,5f. Pate gestanden haben könnten, auch die Jesajastellen von der Völkerwallfahrt (2,3f und wie oben erwähnt 60,3). Heiden beten den Neugeborenen an, das offizielle Israel lehnt ihn ab, trachtet ihm gar nach dem Leben.

Ihre Namen erhalten sie erst im 9. Jahrhundert: Dass einer ein „Mohr" dabei ist, überliefert man seit dem 12. Jahrhundert. Ein wenig verwunderlich sind königliche Geschenke schon, wenn man an die vor allem bei Lukes dargestellte Armut und Schlichtheit der Eltern Jesu denkt und sonderlich königlich und großzügig und lange gereicht haben können sie nicht.

In den Apokryphen und zahlreichen späteren Legenden erzählen Menschen, die es zu wissen glaubten, in teilweise sehr schönen und phantasiereichen Erzählungen ausgestaltete Geschehen, was Matthäus einfach und ziemlich nüchtern berichtet. Beispielhaft ist die mittelalterliche Dreikönigslegende des Johannes von Hildesheim.

Die Nachfrage in Jerusalem fördert weitere Prophezeiungen des Alten Testamentes zutage, die nach Matthäus die Zielgerichtetheit der Geschichte auf Jesus hin bezeugen. So das Michawort aus *5,1 Aber du, Betlehem-Efrata, so klein unter den Gauen Judas, aus dir wird mir einer hervorgehen, der über Israel herrschen soll*, das Matthäus in seinem Sinne verändernd christologisch interpretiert: Und du, Bethlehem, im Land Juda, bist keineswegs die geringste unter den Fürstenstädten Judas, denn aus dir wird hervorgehen, der mein Volk weiden wird. Den letzten Satz hat Matthäus 2 Samuel 5,2 entlehnt. Diese Stelle könnte man als Erfüllungsbeweis des Matthäus bezeichnen, wie schon die oben erwähnte Jesajastelle.

Die beiden nächsten Erzählungen sind Voraussetzung für die vierte, nämlich von der Rückführung des Jesuskindes aus Ägypten. Auch die ist wiederum durch ein alttestamentliches Wort analog zur Mosesgeschichte begründet.

Damit ist Jesus als der neue Moses eingeführt, der als erster sein Volk erlöste, nämlich von der Knechtschaft in Ägypten. Die Gestalt des Mose wurde im Judentum literarisch ausgeschmückt, was Matthäus als gebildetem Schriftgelehrten geläufig bekannt gewesen sein dürfte. In diesen literarischen Zeugnissen erfährt der Pharao von der Geburt des Befreiers Israels durch Magier und gerät in Schrecken mit dem ganzen Volk Ägyptens, so dass er den Mord der neugeborenen israelitischen Knaben befiehlt. Und dieser Befehl wird letztlich auch durchgeführt. Mose entgeht dem Tod, und der Vater des Mose erfährt von der Rettung des kommenden Befreiers durch einen Traum. Nach dem Tode des Königs spricht JHWH zu Moses (Exodus 4):

19 Der Herr sprach zu Mose in Midian: Mach dich auf und kehr nach Ägypten zurück; denn alle, die dir nach dem Leben getrachtet haben, sind tot.
20 Da holte Mose seine Frau und seine Söhne, setzte sie auf einen Esel und trat den Rückweg nach Ägypten an.

Die Josephs- und Jesusgeschichte des Matthäus ist analog gebaut. In der Geschichte des kleinen Jesus, dem endgültigen Befreier, wiederholt sich also die Geschichte des Mose.

Eingeschoben sind die Geschichten von der Flucht nach Ägypten und dem bethlehemitischen Kindermord. Nachdem nämlich die Weisen aufgebrochen waren und Herodes nicht wieder berichteten, erschein Joseph im Traum wieder ein Engel und hieß ihn, mit Mutter und Kind nach Ägypten zu fliehen, bis ihm der Engel wieder Nachricht gebe. So sollte das Wort in Erfüllung gehen: *aus Ägypten habe ich meinen Sohn gerufen.* (Hosea 11,1)

Das ist die einzige Stelle der Kindheitsgeschichte des Matthäus, die einen christologischen Hoheitstitel benutzt.

Auch Abraham und Joseph waren zu Zeiten von Hungersnöten in Ägypten, Mose und das Volk Israel in ägyptischer Knechtschaft. Ägypten war das religiös feindliche Ausland, was aber dem Jesuskind nicht schaden konnte.

Der Kindermord hatte es im weltlichen Leben bedroht, und auch in der geistigen Gefährdung durch die fremd religiöse Welt wird es von Gott durch seine Eltern geführt.

Um dieses alttestamentliche Wort (Hosea 11,1) zu zitieren, musste Matthäus Jesus ja nach Ägypten führen lassen. Und durchaus glaubwürdig war die Grausamkeit des Herodes, der nicht einmal die eigenen Verwandten bis hin zu seiner Frau schonte, wenn er sich in seinem Anspruch oder seiner Autonomie bedroht glaubte. Er wird als der Gegenspieler Gottes eingeführt, der aber den Heilswillen nicht korrumpieren kann.

Ein weiteres Prophetenwort bezog der Bibelkenner Matthäus auf Jesus, das die angeblichen Morde des Herodes bekundete. Nebenbei sagt Matthäus, wenn die Urmutter des jüdischen Volkes um ihre Kinder weinen muß, dann kann Herodes kein legitimer jüdischer König sein. Es heißt beim Propheten Jeremia (31,15):

Ein Geschrei ist in Rama zu hören,
bitteres Klagen und Weinen. Rahel weint um ihre Kinder
und will sich nicht trösten lassen,
um ihre Kinder, denn sie sind dahin.

Rachel wurde am Wege nach Ephrata, das ist Bethlehem, begraben. Eine alte Tradition nennt Rama, nördlich von Jerusalem, als Begräbnisstätte, die aber zumeist vor den Toren Bethlehems gezeigt wird. Die Zeitgenossen, die die hebräische Bibel kannten, wussten, dass diese Verse im Trostbüchlein des Jeremias standen, in dem auch die Worte vom Neuen Bund stehen (Jeremias 31,31), den Lukas in den Kelchworten wohl anspricht (Lukas 22,20).

Damit wird Bethlehem als Geburtsort bezeugt wie auch in einer neuerlichen Weisung des Engels. Dreimal erfährt Joseph eine Weisung im Traum. Auf die letzte hin beschloss Joseph, wegen des in Judäa herrschenden Archelaus, des Herodessohnes den Umzug nach Nazareth in Galiläa, den Ort, der als Jesus Heimatstadt genannt wird. Bethlehem hat einen Bezug zu David, weil hier sein Vater Isai wohnte (in der Volksfrömmigkeit auch Jesse, aus dem das neue Reis entsprach).

Warum Matthäus seine Geschichte so, wie sie gar nicht real geschehen ist, schreibt? Vielleicht aus einem sehr pragmatischen Grund. Er muss einen sehr komplexen theologischen Zusammenhang Menschen nahe bringen, die nicht Theologen oder Schriftgelehrte sind. So bedient er sich der Erzählung, wie es im Orient bis heute gang und gäbe ist. Die Erzählung kann, ohne in allem die Realität widerspiegeln zu müssen, Wahrheiten beschreiben. Er hat ein ekklesiologisches (Kirche betreffendes) Interesse, nämlich die Kirche an die alten Propheten anzubinden und die Kontinuität zu betonen, und ein christologisches, Jesus als den verheißenen Messias zu bekunden. So darf man seine zahlreichen Erfüllungszitate aus dem Alten Testament als eine Art Apologie der jungen Gemeinde verstehen.

Es ist viel gerätselt worden über den Stern von Bethlehem. Der große Astronom Johannes Kepler hat Anfang des 17. Jahrhunderts mit großem gedanklichem Geschick die Konjunktion von Jupiter und Saturn um das Jahr 7, das man für das Geburtsjahr Jesu hält, für den Stern von Bethlehem halten wollen. Und nach ihm versuchten es bis heute immer wieder Astronomen, dieses Phänomen heranzuziehen. Die Wissenschaft konnte eine solche Konjunktion feststellen, wie auch ein Fund einer babylonischen Aufzeichnung des Ereignisses bezeugt. Aber damit ist doch nicht die Historizität des Sterns von Bethlehem bewiesen. Die Konjunktion zweier Sterne ergibt nie einen Stern; und das ist auch für das Verständnis und die Wahrheit der Erzählung des Matthäus gar nicht nötig.

Wenn man nun sagen darf, kein Stern stand über Bethlehem, in der Realität gab es keine Magier auf dem Weg nach Bethlehem, es ist auch fraglich, ob es eine Flucht nach Ägypten gab, und ob der bethlehemitische Kindermord des Herodes stattfand, darf man aber deswegen nicht folgern, dass die ganze Matthäuserzählung der ersten beiden Kapitel nicht wahr sei. Noch einmal: Sie ist wahr, weil Matthäus uns in Geschichten erzählt, was zwar nicht real aber doch wirklich ist. Jesus ist von Anfang an der Messias, der ganzen Welt zum Heil gesandt und trotz aller Widerwärtigkeiten der von Gott gesandte, der endgültige Heilbringer.

Die Geschichten sind so angelegt und durchkomponiert, dass der Weg auf Nazareth verweist, obwohl Bethlehem die Geburtsstadt sein soll (und sein kann). Es geht ein Wunderstern auf, der die Magier als Vertreter der Völker der heidnischen Welt auf die Suche nach dem neugeborenen König führt. Das Suchen der Magier führt zu Frage und zur Auskunft an Herodes, die wiederum führt zur Verfolgung, zur Flucht. Die Rückkehr ins Land Israel beschwört Angst vor dem Nachfolger, die Angst führt zum Umzug nach Nazareth. Dieser Bericht erlaubt, ja zwingt zu der Aussage und der Schlussfolgerung: Jesus von Nazareth ist der Messias.

Die Erzählungen des Matthäus ergeben als Gesamtdarstellung, dass Jesus der verheißene König und Messias ist, der aber mehr als Hirte seines Volkes und der ganzen Welt wirken wird, von Gott gesandt und Gottes Sohn und ganz in der Welt, im Volk Israel verankert.

Kapitel 7: Wie Lukas im Besonderen die Geschichte des Mensch gewordenen Gottessohnes sieht und erzählt

Die Gemeinsamkeiten von Lukas und Matthäus haben wir in Kapitel 5 lesen können. Kunst und Volksfrömmigkeit neigen gelegentlich dazu, ohne Bedenken die Texte der Kindheitsevangelien zu harmonisieren, das heißt, die Stoffe aneinander zu reihen oder zu vermischen.

Die nicht unerheblichen Abweichungen, auf die es Lukas ankommt, sollen nun besprochen werden. Man darf sie nicht mit den Aussagen des Matthäus vermischen, weil dadurch ein Teil Aussagekraft verloren geht. Manchmal scheinen sich die Erzählungen auszuschließen oder zu widersprechen. Das kommt vornehmlich daher, dass Lukas nicht für Judenchristen schreibt und manche für sie ganz selbstverständliche notwendige Dinge auslässt oder gar anders interpretiert. Seinen Zuhörern ist die Geschichte Israels nicht so selbstverständlich; es reicht ihm nicht die Zeugen Abraham und David aufzurufen. Sein Stammbaum geht daher bis Adam zurück, der direkt von der Hand Gottes erschaffen wurde. So steht Jesus, der neue Adam, in der Geschlechterfolge des alten Adam. Er hat seinen unmittelbaren Ursprung in Gott.

Auffällig ist, dass der Stammbaum des Lukasevangeliums nicht wie bei Matthäus innerhalb der Kindheitsgeschichte steht, sonder im Anschluss an die Taufszene zu Beginn des öffentlichen Lebens. Nach dem persönlichen Wort des Vaters aus dem Himmel darf man den Stammbaum als öffentliche Dokumentation und als Aussage verstehen, dass Jesus der direkt aus dem Vater entsprungene Sohn Gottes ist. Die Ahnenreihe beginnt mit Joseph, von dem die Menschen glaubten, er sei der Vater Jesu.

Der Stammbaum ist genau wie der des Matthäus mit Sinn komponiert, trifft sich aber nicht in allen Gliedern mit dem des Matthäus. Ohne dass Lukas es ausdrücklich sagt, sind es dreimal sieben Generationen zurückgehend bis zur babylonischen Exil, wo sich die Namen mit der Matthäusliste treffen, und über einen anderen Weg als bei Matthäus drei mal sieben Generationen bis David. Jesus ist ein Davidssohn. Weitere zweimal sieben Generationen führen zu Abraham, dem Beginn der israelischen Heilsgeschichte; Jesus wird in die ihm geltende Verheißung gestellt. In wiederum dreimal sieben Reihen führt die Linie über Adam, den ersten Menschen, bis zu Gott.

Hat Matthäus mit Hilfe zahlreicher Erfüllungszitate die Kontinuität der Heilsgeschichte bezeugt, gewinnt Lukas den gleichen Effekt, indem er in Erinnerung, dass die Heilsgeschichte eine Einheit ist, stilistische und formale Mittel der Beschreibungen früherer Heilsereignisse in seinem Bericht aufgreift, wie an zahlreichen Stellen nachzuweisen und unten in Beispielen aufgeführt wird.

Lukas schreibt sein Doppelwerk, Evangelium und Apostelgeschichte, obwohl schon viele vor ihm berichtet haben, weil er die Zuverlässigkeit der Berichte durch seine genau recherchierten (und unterschiedlichen) Daten bestätigen will. Diese Formulierung gilt als Beleg dafür, dass er, wie man erkennen kann, Markus gekannt hat und wohl nach Matthäus geschrieben hat. Wenn er dessen Evangelium gekannt hat, brauchte man übrigens nicht mehr die nirgendwo in einem noch so kleinen Beleg auffindbare Quelle Q bemühen, die nur in der Vorstellung mancher Exegeten vorkommt.

Dass es zu seiner Zeit schon nötig war, die Lehre der jungen Kirche gegen willkürliche Auslegungen zu schützen, zeigt die Apostelgeschichte 20, 29 f.

Lukas versteht sich gleichsam als Redaktor der apostolischen Traditionen; er will die Überlieferungen getreu sammeln und vermitteln. Deswegen darf man wohl auch annehmen, dass sein Eintreten für die Armen, die Kleinen, die zu kurz gekommen und die Frauen wirklich im Geiste Jesu sind, seine Intensionen aufgreifen. Lukas ist nicht als Historiker im heutigen Sinne zu verstehen, obwohl er das Leben Jesu in die Historie einbindet.

Johannes der Täufer und Jesus haben später, zum eigentlichen Auftakt des Evangeliums eine schicksalhafte Begegnung am Jordan, wo Johannes die Bußtaufe spendete. Es ist nicht verwunderlich, dass in den Kindheitsgeschichten, die später dem Evangelium vorgesetzt wurden, auch sein Werdegang im Blick ist. Wie weit er historisch ist, darf man zu Recht fragen, wenn man an die seltsame Fremdheit der angeblich so nah verwandten Männer denkt.

Die Erzählung verläuft weitgehend parallel, Die Ankündigung der Geburt erfolgt jeweils durch den Engel Gabriel, die Geburt Jesu wird nicht Joseph, sondern Maria angekündigt. Bei Lukas spielt Joseph, der von seinen Lesern nicht mehr als das Haupt der jüdischen Familie gebraucht wird, nur noch eine ganz untergeordnete Rolle. Lediglich dreimal, gegenüber siebenmal bei Matthäus wird er in der Kindheitsgeschichte namentlich genannt. Geburt, Beschneidung, Namensgebung der Kinder werden von Wunderzeichen begleitet. Die Heilsbedeutung beider Kinder wird in prophetischen Aussagen verkündet, und beider Wachstum wird noch erwähnt. Dann wird auf Jesu Beziehung zum Tempel verwiesen, ein Motiv, das Lukas in späteren Perikopen immer wieder wichtig ist.

Trotz der Parallelität, spürt man, dass Jesus dem Johannes immer ein bisschen über ist, ohne dass Johannes ein einziges Mal kleiner gemacht würde. Diese Erhöhung in der Jesusgeschichte ist im folgenden Abschnitt *kursiv* gesetzt. Bei Lukas ist die Vergleichsgestalt direkt erwähnt, bei Matthäus waren die Parallelen zu Moses unterschwellig angedeutet.

Ankündigung der Geburt des Täufers	Ankündigung der Geburt Jesu
Zeitangabe	Zeitangabe, *Ortsangabe*
Erzengel Gabriel kommt und grüßt nicht	Erzengel Gabriel kommt *und grüßt huldvoll*
Reaktion: Erschrecken	Reaktion: Erschrecken
Furcht	*Keine Furcht vor dem Engel*
Engel: Dein Gebet ist erhört	Engel: *Du hast Gnade gefunden*
Ankündigung Geburt eines Sohnes	Ankündigung Geburt eines Sohnes
Name, Auftrag Namensgebung	Name, Auftrag Namensgebung
Verkündigung der Heilsbedeutung	Verkündigung der *größeren* Heilsbedeutung
Reaktion: Frage und Einwand	Reaktion: Frage und *kein* Einwand
Schweigen des Zacharias	*Spontane Antwort* Marien
Abgang Zacharias	Abgang des *Engels*

Dann verbinden sich die beiden Erzählstränge. Maria besucht ihre Base (Cousine) Elisabeth in einer nicht genannten Stadt im Bergland von Judäa. Warum wohl ungenannt? Weil vielleicht nicht real sondern beispielhaft? Anschließend gehen die Erzählungen nebeneinander weiter:

Geburt Beschneidung und Namengebung des Kindes mit begleitenden Wunderzeichen	Heilsbedeutung des Kindes in der Prophezeihung des Simeon und in der Verkündigung durch die
Heilsbedeutung des Kindes in der Prophezeihung des Zacharias	
Wachstum des Kindes	
Geburt, Beschneidung und Namengebung des Kindes mit begleitenden Wunderzeichen	Prophetin Anna Wachstum des Kindes Der Jesusknabe im Tempel

Auch hier in den beiden letzten Phasen, wieder die Überhöhung des Jesuskindes gegenüber Johannes und zuletzt eine Phase ohne Vergleich bei Johannes, der zwölfjährige im Tempel von Jerusalem, die Begegnung mit Simeon und Anna.

Diesem Schema, das ebenso bei der Begegnung des Engels mit den Hirten auf dem Felde zugrunde liegt, ist ein altbekanntes Verheißungs- und Berufungsschema, das in der Abrahamsgeschichte schon vorkommt:

Gott verheißt dem Abraham einen Sohn (Genesis 17,16), der äußert Zweifel (17); der Name wird angekündigt und der Auftrag zur Namensgebung ergeht (19) Zeichen: Verheißener reicher Kindersegen für Abrahams Sohn Ismael. Auch bei Mose (Exodus 3,10–12), Gideon (Richter 6,11–24), Simson (Richter Kapitel 13). Alttestamentliche Heilsereignisse werden für den kundigen Leser somit in die neutestamentliche Verkündigung eingebracht.

Das Wort des Engels an Maria: „Der Herr ist mit Dir" lautete gleich an den Befreier des Volkes Gideon (Richter 6,2) und im Buch Judit (Kapitel 13,18), auch einer Befreiungssituation, der König Usija Judith:

Gebenedeit bist du, Tochter vor allen Frauen auf Erden und gebenedeit ist Gott der Herr	Gebenedeit bist du, (Maria) unter den Frauen und gebenedeit ist die Frucht deines Leibes (Lukas 1,42 Elisabeth zu Maria)

Wurde von Usija Gott, der Herr, der Vater gebenedeit, so von Elisabeth geheimnisvoll die „Frucht deines Leibes", der Sohn, der in die Welt kommen soll. Im Wort an Maria steht Jesus an der Stelle, wo im Königswort Gott der Herr genannt war. Damit zeigt Lukas in der Parallele zum alttestamentlichen Geschehen, dass mit Jesus der Sohn Gottes geboren werden soll.

Eine weitere Stelle aus dem Alten Testament scheint Lukas präsent gewesen zu sein, als er Maria, die Mutter Jesu, pries. Wieder steht Jesus an der Stelle, die im Alten Testament Gott (der Vater) einnimmt.

Zephania 3,14–17	Lukas 1,28.30–33
Freue dich, Tochter Zion	*Freue dich, Maria*
Fürchte dich nicht	*fürchte dich nicht*
In deiner Mitte ist der Herr	*der Herr ist mit dir*
dein Gott	
Gott ist König von Israel	
Er wird über das Haus	
Jakobs für ewig herrschen	
Dein Gott ein Held, der da	*dem sollst du den Namen*
hilft = Joschia	*Jesus geben. = Jeschua*

Die neutestamentliche von ihm bekundete und verkündigte Befreiung ist für Lukas in Jesus vorhergesehen und versprochen.

Analog greift Lukas die Schlussverse des Buches Maleachi auf, indem er über Johannes sagt, dass er viele Israeliten zum Herrn, ihrem Gott bekehren werde im Geist und in der Kraft des Elias, um die Herzen der Väter den Kinder zuzuwenden und die Frevler zur Gesinnung der Gerechten zu bringen den

Unterschied zwischen dem Gerechten und dem Frevler zu sehen.

Nicht nur die Beschreibungen leben aus dem Bewusstsein, das analoge Geschehen schon im Alten Testament sich ereignet hatten. Auch die Gebetshaltung Marias, wie der Elisabeths und des Zacharias, ist stark von alttestamentlichem Gedankengut geprägt. Dem kleinen Lobpreis der Elisabeth steht der große Lobpreis des Magnifikats gegenüber. Elisabeth sagte:

25 Der Herr hat mir geholfen; er hat in diesen Tagen gnädig auf mich geschaut und mich von der Schande befreit, mit der ich in den Augen der Menschen beladen war.

Als Elisabeth bei der Begegnung mit Maria sie ob der Frucht ihres Leibes lobpreisen will, greift Maria den Lobpreis auf und singt ihren Lobpreis Gottes im Magnifikat, einem Gebet aus dem Geiste des Alten Testament (im Text sind die Parallelen kursiv gedruckt).

Lukas 1,46–55 (für den gesamten Text ist das Lied der Hanna in 1 Samuel 2,1 ff Vorbild gewesen)

Meine Seele preist die Größe *des Herrn,* (Tobit 13,9)
47 und mein Geist *jubelt über Gott, meinen Retter.*
(Habakuk 3,18)
48 Denn *auf die Niedrigkeit seiner Magd hat er geschaut.*
(1 Samuel 1,11)
Siehe, von nun an *preisen mich selig* alle Geschlechter.
(Genesis 30,13)
49 Denn der Mächtige *hat Großes* an mir *getan*
(Deuteronomiun 10,21)
und *sein Name ist heilig.* (Psalm 111,9)
50 *Er erbarmt sich* von Geschlecht zu Geschlecht
(Psalm 103,13)
über alle, die ihn fürchten.
51 Er vollbringt *mit seinem Arm* machtvolle Taten:
(Psalm 89,14)
Er zerstreut, die im Herzen *voll Hochmut sind;*
(Sprüche 16,18)
52 *er stürzt die Mächtigen* vom Thron (Ijob 12,19)

und *erhöht die Niedrigen.* (Ezechiel 21,31; Ijob 5,11)
53 *Die Hungernden beschenkt er mit seinen Gaben*
(Psalm 107,9)
und lässt die Reichen leer ausgehen.
54 *Er nimmt sich seines Knechtes Israel an* (Jesaja 41,8)
und denkt an sein Erbarmen, (Psalm 98,3)
55 *das er unsern Vätern* verheißen hat, (Micha 7,20)
Abraham und seinen Nachkommen auf ewig. (Psalm 105,8)

Viele Psalmen klingen an; kein Wunder, war doch der Psalter das Gebetbuch der Juden. Man erinnere sich, dass Jesus am Kreuz kurz vor seinem Tod den Psalm 22 zitiert: „Gott mein Gott, warum hast du mich verlassen." Maria bringt in ihrem Lobpreis zum Ausdruck, wieso der Messias so verborgen in die Welt kommen soll. Die Ankunft des Messias wird sich in äußerster Erniedrigung vollziehen. In den Versen 51–53 wird die Weltordnung auf den Kopf gestellt, als kündige sich der Prostest der Armen an.

Das Magnifikat (Meine Seele preis die Größe des Herrn) wird in jeder Vesper gebetet, wie in jeder Laudes das Benedictus, der Lobgesang des Zacharias, gebetet wird, in dem er den Weg des Davidssohnes Jesus und seines Wegbereiter Johannes verheißt. Er sang den Lobpreis, nachdem Johannes beschnitten worden war und den vom Engel genannten, seiner Familie ungewöhnlichen scheinenden Namen erhalten hatte.

Das Benedictus spricht im ersten Teil vom Retter und Messias, im zweiten Teil von seinem Vorläufer.

Ein drittes Gebet aus der lukanischen Kindheitsgeschichte ist in die Liturgie übernommen worden und zwar in die Komplet, das kirchliche Nachtgebet. Der greise Seher Simeon sprach die Worte, als ihm bei der Beschneidung der kleine Jesusknabe in seine Arme gelegt worden war:

2,29 Nun lässt du, Herr, deinen Knecht, /
wie du gesagt hast, in Frieden scheiden.
30 Denn meine Augen haben *das Heil gesehen,* / (Jesaja 40,5)
31 das du *vor allen Völkern* bereitet hast, (Jesaja 52,10)
32 *ein Licht*, das *die Heiden* erleuchtet, / (Jesaja 49,6; 42,6)
und *Herrlichkeit* für dein Volk *Israel.* (Jesaja 46,13)

Kapitel 8: Was erzählt Lukas. Inhalte und Gestaltung des Textes

Der heilsgeschichtliche Konsens der Themen mit Matthäus, der im Kapitel 5 beschrieben wurde, wird von Lukas ganz selbständig und ohne Anlehnung an Matthäus in abgeschlossenen Einzelszenen unter Verwendung alttestamentlicher Berufungs- und Verheißungsmuster und der darin ausgedrückten Heilsbotschaft auf das im Neuen Testament heranreifende Heil beschrieben. Die Komposition bedient sich, wie oben an Beispielen gezeigt, in der Darstellung teilweise paralleler Erzählfolgen, um die vergleichbare Bedeutung des Dargestellten auszudrücken und doch schon durch eine Betonung auch die Bedeutung der beiden Kinder, Johannes und Jesus zu gewichten. Kunstvoll komponiert berichtet Lukas in 7 Kreisen ohne große Umschweife von folgendem Geschehen:

Verheißung und Geburt des Täufers
Verkündigung an Maria
Heimsuchung (Magnificat)
Geburt des Johannes, Beschneidung, Namensgebung des Johannes (Benedictus)
Verborgenes Leben des Johannes
Geburt Jesu, Besuch der Hirten, Beschneidung und Namensgebung Jesu
Darstellung im Tempel (Nunc dimittis, Weissagung des Simeon, Weissagung der Hanna)
Verborgenes Leben des Jesus in Nazareth
Der Zwölfjährige im Tempel
Wieder verborgenes Leben in Nazareth

Aus dem Hinweis, dass Johannes vor seinem Auftritt in der Wüste lebte, kann schwerlich geschlossen werden, dass er bei den Essenern aufwuchs. Zwar nahmen sie nach dem Zeugnis des jüdischen Schriftstellers Flavius Josephus Kinder auf, um sie in ihrem Sinne zu erziehen, aber die fromme priesterliche Familie hat Johannes bestimmt nicht zu Menschen gegeben, die dem Tempelkult ablehnend gegenüber standen. Daß Johannes als Erwachsener mit der reinen Gemeinde von Qumran sympathisiert haben mag, kann man sich gut vorstellen, da er selbst nicht den möglichen Weg eines Priesters am Tempel nach dem Vorbild seines Vaters eingeschlagen hatte.

Verheißung und Geburt des Täufers

Zacharias und Elisabeth entstammen priesterlichen Familien, was sie in den Augen des Lukas besonders ehrt, und Zacharias gehört zur achten (von 24 Priesterklassen), die sich wochenweise im Tempeldienst ablösten.

Auf Grund des hohen Alters war bei Zacharias und Elisabeth nicht mehr mit Kindersegen zu rechnen. Kinderlosigkeit galt als Strafe. An ihnen wirkt Gott ein ähnliches Wunder wie seiner Zeit im Alten Testament an drei Paaren: Abraham und Sara (Genesis 18), den Eltern des Simson (Richter 13, 2 f) und des Samuel (1 Samuel 1, 1 f). Mit Johannes wird ein Kind aus Judäa in das neue Heilsgeschehen eingeführt, das heißt in seiner Konsequenz: Ganz Palästina ist in die Heilsgeschichte eingebunden.

Die Ankündigung der Geburt und die Beauftragung zum Namen Johannes an Zacharias erfolgt beim Kult. Anders als bei Maria tritt der Engel ohne Gruß neben den Rauchopferaltar, wie schon in Daniel 9, 21. Johannes wird groß sein vor dem Herrn und nicht einer, der Wein und Berauschendes trinkt, also den Genüssen des Lebens zugetan ist, sondern ein Prophet.

An den wundersamen Ereignissen um des Johannes Geburt wird deutlich, dass er ein Großer ist, größer als jeder Prophet, selbst Elias. Es wird aber gleichzeitig angedeutet, dass bei Gott nichts unmöglich ist. Im Vergleich und in der Zusammenschau mit der Jesusgeschichte wird klar, dass Jesus der noch größere ist und wenn schon eine unfruchtbare Frau nach Gottes Willen gebären kann, dann auch wie verheißen eine Jungfrau.

Die Johannesgeschichte wird in einen historischen Rahmen gestellt, die Zeit des jüdischen König Herodes, um damit auszudrücken, es ist wirklich geschehen, selbst wenn der historische Rahmen historisch nicht genau datierbar ist.

Bei Jesus ist der oberste Herrscher der damaligen Welt, Kaiser Augustus in Rom das reale Umfeld für die nicht genau datierbare Geburt. Wir kennen den Geburtstag Jesu nicht, die Jahreszahl nur annähernd.

Verkündigung an Maria

Es ist absolut ungewöhnlich, ja für jüdisches Verständnis fast ungehörig, dass ein Engel und dann auch noch einer der Erzengel zu einer Frau spricht. Nicht im Heiligtum bei einem amtierenden Priester, wie bei Zacharias. Das gibt es im ganzen Alten Testament nicht ein einiges Mal. Aber Gottes Geist weht, wo er will.

Bei Matthäus noch wurde Joseph im Traum informiert und zu einem angemessenen Verhalten angewiesen. Da stünde Joseph als Mittelsmann ein wenig im Wege. Joseph spielt bei Lukas in dem Geheimnis des kommenden Gottessohnes nur noch eine Nebenrolle.

Warum? Weil die Unmittelbarkeit der Menschwerdung von Lukas so betont wird. Er braucht kein Zwischenglied, keine Adoption. Wichtig und ihm völlig klar ist, dass der Gottessohn und als solcher der Messias geboren wird, Jesus aus der Jungfrau* Maria. Der Evangelist Johannes (1,13) wird später schreiben: *... nicht aus dem Blute und nicht aus dem Willen des Fleisches, nicht aus dem Willen des Mannes (Joseph), sondern (direkt) aus Gott geboren.*

Anders als dem Zacharias begegnet der Engel der Jungfrau Maria mit einem Gruß, der einen Segensgruß einschließt und eine gute Botschaft verheißt. Maria erschrickt nicht, aber sie verwundert sich ob dem, was ihr der Engel verkündet. Maria wird zur Namensgebung aufgefordert und tritt in die Rechte des Mannes, da ein solcher in diesem Geschehen keinen Platz hat. Maria nimmt des Engels Wort an, sie fragt nicht nach einem Zeichen wie Zacharias, sie glaubt.

Die Perikope schließt mit des Engels Bestätigung und der rhetorischen Frage: Ist denn bei Gott etwas unmöglich? (Jeremias 32,27 und vergleichbar Genesis 18,14). In den Versen 51–53 wird die Weltordnung auf den Kopf gestellt. Ob das ein geheimer Protest der Armen sein soll, die bei Lukas eine so große Rolle spielen.

Heimsuchung*, Besuch Marias bei Elisabeth

Nun begegnen sich die beiden künftigen Mütter. Elisabeth spricht ihren kleinen Lobpreis, preist Maria als „Mutter des Herrn" und die antwortet mit dem Magnifikat wie oben besprochen. Wenn Lukas die Kusine Elisabeth, die Priestergattin und selbst aus priesterlichem Geschlecht sagen lässt: … Mutter meines Herrn" und „sie blieb etwa drei Monate" so ist das nicht unbedingt logisch und praktisch wenn es nicht eine komponierte Parallele sein soll zu

2 Samuel 9.11	Lukas 1,43.56
David:	Elisabeth:
9 Wie soll die Lade zu mir kommen	43 Wer bin ich, dass die Mutter meines Herrn zu mir kommt …
11 Die Lade des Herrn blieb drei Monate	56 Und Maria blieb etwa drei Monate

Den mariologischen Ansatz, Maria ist die neue Bundeslade, kann man bei Lukas nicht ausschließen. Dass Maria drei Monate vor der Niederkunft ins Haus kommt und unmittelbar nach der Geburt fortgeht ist nicht sonderlich sinnvoll und folgerichtig, wollte sie Elisabeth eine Hilfe sein.

Geburt des Johannes, Beschneidung, verborgenes Leben des Johannes

Nach dem Vorbild von Genesis 25,24 bei der Geburt der Zwillinge aus Rebekka ist die Geburt des Johannes beschrieben, die bei Verwandten und Bekannten Freude auslöst. Jetzt kann Zacharias den für alle ungewöhnlichen Namen, den der Engel geboten hatte, erklären: Johannes, das heißt Gott ist gnädig. Er spricht das Benedictus (siehe oben), den Lobpreis und in Bezug auf seinen Sohn die Prophetie. Der wächst heran, erstarkt im Geist wie die alttestamentlichen Heilsgestalten Samson (Richter 13,24f) und Samuel (1 Samuel 2,26), und geht in die Wüste bis seine Berufung auftreten, predigen und taufen heißt.

Über Isai in 1 Samuel 16,1 ff ist es Bethlehem, wo der Messias geboren werden wird. Also erzählt Lukas, übrigens anders als in späteren weihnachtlichen Geschichten, wenig aufwendig oder sentimental, wieso Joseph und seine Familie dorthin kommen. Der angebliche Erlass des Kaisers ist für die fragliche Zeit nicht nachgewiesen, wäre aber möglich gewesen und somit in der Erzählung des Geschehens erlaubt, zumal es Steuerlisten und Aufschreibungen in allen Provinzen gegeben hat. Dass Nazareth der ursprüngliche Wohnort Josephs war, wissen wir aus der Verkündigung, und die Stadt des Stammvaters David ist Bethlehem. Joseph nimmt seine Verlobte mit nach Bethlehem, was wegen der bevorstehenden Geburt nötig ist. Der Text lässt vermuten, dass er sie inzwischen heimgeführt hat (Heimführung*); denn dass Nichtverheiratete miteinander reisen, wäre höchst ungewöhnlich. Wahrscheinlich kommt es Lukas nicht einmal darauf an, das der Sitte gemäß zu erzählen. Ihm geht es durch die Einbindung in die Weltgeschichte und die Nennung des Weltherrschers Augustus zu zeigen, dass diese Geschehen in Bethlehem die ganze Welt angeht.

Maria gebar ihren erstgeborenen Sohn, nicht ihren ersten, wie Luther aus dem Griechischen übersetzte. Der Terminus Erstgeborener hat vor allem einen juristischen Sinn, weil beispielsweise alle männliche Erstgeburt dem Herrn geweiht war. *Sie (Maria) wickelte ihn in Windeln und legte ihn in eine Krippe, weil in der Herberge kein Platz für sie war.* (Lukas 2,7)

Im Buch der Weisheit steht folgende Passage über den König Salomon:

7,4 In Windeln und mit Sorgen wurde ich aufgezogen;
5 kein König trat anders ins Dasein.
6 Alle haben den einen gleichen Eingang zum Leben;
gleich ist auch der Ausgang.

Lukas beschreibt den Neugeborenen als einen von uns, einen wirklichen Menschen, der wie selbst jeder König nackt in die Welt kommt. Jesus ist wahrer Mensch, hat sich unter die

Ärmsten begeben und fängt ganz unten an. Die Erzählung ist ganz kunstvoll komponiert. Dreimal kommt die Krippe in den Blick. Nach der Geburt, als Zeichen, das die Engel setzen und in der Bestätigung der Hirten, der Ärmsten der Armen.

Die für viele volkstümliche und anrührende Herbergssuche* spielt für das eigentliche Geschehen bei Lukas keine Rolle; sie wird lediglich in einem Nebensatz erwähnt, weil so sein Erzählmotiv von der Krippe und den Windeln glaubwürdig wird.

Das Jesaja-Wort (1,3): *Der Ochse kennt seinen Besitzer und der Esel die Krippe seines Herrn; Israel aber hat keine Erkenntnis, mein Volk hat keine Einsicht* erklärt gleich mit, wie Ochs und Esel in die Krippe kommen. Mein Volk hat keine Einsicht kann noch einmal auf das vergebliche Suchen einer Bleibe hindeuten. Im Johannesevangelium wird es später heißen: „... aber die Seinigen nahmen ihn nicht auf."

In der griechischen Septuaginta steht bei Habakuk 3,2 ein Teilvers, der in der Hebräischen Bibel und folglich bei Luther, ebenso in der Vulgata* und in der neuen Einheitsübersetzung fehlt *„inmitten* zweier Lebewesen wirst du erkannt werden". Warum nur ist dieses Wort nicht aufgenommen worden? Verweist es doch auf den Beginn, die Geburt, und das Ende, den Tod am Kreuz zwischen den beiden Schächern. Lukas wusste das und hat diese Spannweite sicher im Blick gehabt.

Ein Kirchenvater sieht in Ochs und Esel gemeinsam an der Krippe, dass die Kirche für Juden und Heiden sei, ein anderer in dem reinen und dem unreinen Tier das Bild für Kirche und Israel. Oder die Frage: Würden sich die Tiere einem hingestellten Futternapf verweigern wie Israel? Solche Polemik wie auch die Ausschmückungen aus späterer Zeit sind mit Skepsis zu behandeln und werden auch weiter in diesem Buch nicht mehr thematisiert.

Dreimal bindet Lukas das Geschehen in die Profangeschichte ein: durch die Nennung des Weltherrschers Augustus, des Regionalherrn von Syrien und Palästina und des angeblichen Census*. Heiland, Herrn und Messias nennt Lukas den Neugeborenen.

Von Nazareth, dem Wohnort von Joseph und Maria, zieht das Paar hinauf nach Bethlehem in die Davidsstadt, etwa 140 km entfernt. Der wahre Mittelpunkt der Welt ist nicht das kaiserliche Rom, sondern das kleine Bethlehem. Durch seinen Befehl wird Augustus letztlich zum Werkzeug Gottes, wie seinerzeit der Perserkönig Kyros, der mit seinem Edikt das Ende der Babylonischen Gefangenschaft einleitete (Esra 1,1–4; 6,3–5).

Immer enger schließt sich der Kreis vom Imperium des Augustus über Syrien und Palästina des Quirinus zur Davidstadt des Joseph.

Lukas mutet uns mit der fast erbärmlichen Geburt ganz schön etwas zu. Wir würden es in aller Klarheit und Härte spüren, wären wir nicht von so manchen idyllischen Darstellungen von Krippen und auf Gemälden verharmlosend eingelullt. Das heißt nicht, dass wir auf die vielen Bilder der Geburtsszene verzichten müssten oder keine Krippen mehr bauen dürften.

Besuch der Hirten

Auch diese Szene ist im ersten Teil parallel zur Verkündigung an Zacharias und Maria aus alttestamentlichen, messianischen Verheißungen in Micha 4 aufgebaut. Im Gegensatz zu der Erbärmlichkeit der Krippe erscheint die Herrlichkeit des Himmels auf den Hirtenfluren. Der Engel und die sich ihm anschließenden Scharen überzeugen die erschrockenen und verblüfften Hirten, dass da etwas Ungeheuerliches geschehen sein muss. Dreifach benennt er das Neugeborene: Heiland, Messias, Herr. Im Griechischen Text steht für Herr das Wort, das ansonsten nur für den Vater benutzt wurde. Als Zeichen wird ihnen nur genannt, sie werden ein Kind finden, das in Windeln gewickelt ist und in einer Krippe liegt. Konkret sichtbar ist für sie die wahre Menschlichkeit, und doch ist von der Verkündigung noch ein Hauch des Göttlichen, das in ihnen nachwirkt; denn nach ihrem Besuch bei dem Kind und seinen Eltern im Stall kehrten sie heim in ihren Alltag und lobten und priesen Gott. Wo mögen sie nur geblieben sein, dürfte man fragen, wenn es sich um eine real abgelaufene Geschichte handelte? Später begegnen wir nie mehr einem von ihnen und groß erzählt haben sie auch nicht davon, denn die Kunde davon ist laut Matthäus nicht einmal bis in das nahe Jerusalem gedrungen.

Beschneidung* Jesu und Darstellung im Tempel

Es geht Lukas vornehmlich darum festzuhalten, dass der vom Engel verkündete Name dem Kind gegeben wird und was ihm von Simeon und Anna zugesprochen wird. Das Erledigen der gesetzlichen Vorschriften wird beiläufig erwähnt. Eine Frau war nach der Geburt eines Knaben sieben Tage unrein; nach acht Tagen soll seine Vorhaut beschnitten werden. Weitere 33 Tage soll sie das Heiligtum nicht betreten und bleibt kultunfähig. (siehe Leviticus 12,2ff.) Lukas, von dem man sagt, er habe das Evangelium der Armen geschrieben, zählt natürlich Jesu Familie zu den Armen, die das kleine vorgeschriebene Opfer ein paar Turteltauben oder zwei junge Tauben darbieten. Auch hier zeigt sich wieder, dass es sich nicht um eine Reportage handelt und für Lukas nicht die Einhaltung des Gesetzes im Vordergrund steht; denn Maria hätte sich sicher nicht entgegen dem Gesetz mit den Tempel begeben.

Es folgen im Text die Begegnungen und *die Weissagung des Simeon und die der Hanna* (siehe oben). Nach der Verkündigung an Maria, der Mitteilung an die Hirten verkündet Hanna nunmehr dem ganzen Volk den Messias.

Bei allem bisher Gesagten bleibt der Vers 33 etwas dunkel: *Sein Vater und seine Mutter staunten über die Worte, die über Jesus gesagt wurden.*

Verborgenes Leben des Jesus in Nazareth

Es wäre ein ziemlich enger Zeitrahmen, wenn es sich so zugetragen hätte, und gewiss in damaliger Zeit wenig vernünftig, mit einem Neugeborenen innerhalb von acht Tagen von Bethlehem nach Nazareth zu gehen, wieder hinauf nach Jerusalem, um dann wieder in die Heimatstadt Nazareth zurückzukehren. Lukas erzählt davon nichts, weil es für ihn belanglos ist.

Jesus wuchs auf in aller Abgeschiedenheit der Familie. *Das Kind wuchs heran und wurde kräftig; Gott erfüllte es mit Weisheit und seine Gnade ruhte auf ihm.* Das ist wieder eine Überbietung der an und für sich gleich angelegten Erzählung von Johannes. Sie führt hin zu der nur über Jesus berichteten Geschichte:

Der Zwölfjährige* im Tempel

Der Prophet Maleachi schrieb: *3,1 Seht, ich sende meinen Boten; er soll den Weg für mich bahnen. Dann kommt plötzlich zu seinem Tempel der Herr, den ihr sucht, und der Bote des Bundes, den ihr herbeiwünscht. Seht, er kommt!, spricht der Herr der Heere.*

Drei besondere Aspekte verbindet Lukas mit dem Tempel. Erstens ist es der Einzug zur Beschneidung, dann die Wallfahrt anlässlich der Bar Mizwa und dann Jesu Lehren im Jerusalemer Tempel. Jesus bleibt in positiver Beziehung zum Tempel, wie später auch seine Tempelreinigung zeigt (Lk 19,45).

Mit den frommen Eltern, die pflichtgemäß nach Jerusalem zogen, geht auch Jesus mit zwölf Jahren hinauf zum Tempel. Dort bleibt er, weil er wie die Rabbinenschüler bei den Lehrern am Boden sitzt und sie befragt, nicht lehrt, wie so oft in schlechten Predigten verbreitet wird. Auf die bange Frage der Eltern, wie er ihnen das Bleiben nur habe antun können, antwortet er mit dem Bekenntnis seiner wahren Sohnschaft: *2,49 Da sagte er zu ihnen: Warum habt ihr mich gesucht? Wusstet ihr nicht, dass ich in dem sein muss, was meinem Vater gehört? 50 Doch sie verstanden nicht, was er damit sagen wollte.*

Verwunderlich die wiederholte Aussage, dass die Eltern nicht verstanden, was mit ihm los war.

Wieder verborgenes Leben in Nazareth

Dazu soll der biblische Bericht im Wortlaut noch einmal angeführt werden, dem nichts mehr hinzuzufügen ist, als dass das Nichtverstehen, wie das Bewahren andeutet, ein Zeichen der ungeheuerlichen Tiefe des Geheimnisses ist: Gott ist Mensch geworden in Jesus, der uns anvertraut wurde in seinem menschlichen Kindsein (Lukas 2):

51 Dann kehrte er mit ihnen nach Nazaret zurück und war ihnen gehorsam. Seine Mutter bewahrte alles, was geschehen war, in ihrem Herzen.

52 Jesus aber wuchs heran, und seine Weisheit nahm zu, und er fand Gefallen bei Gott und den Menschen.

Mit dieser Szene verschwindet Joseph* aus der Geschichte Jesu. Er hat seine Schuldigkeit getan. Weil er so früh nicht mehr erwähnt wird und wegen der Lehre von der Jungfräulichkeit haben viele Erzähler und bildende Künstler ihn als einen schon alten Mann dargestellt. Das wäre kein gutes Zeugnis für die gottgewollte Ehe. Aber auch das ist für Lukas nicht interessant und des Berichtens wert.

Die kunstvoll gebaute Komposition mit den vielen Verweisen auf die heilsgeschichtlich bedeutsamen Ereignisse, die man im Alten Testament findet, belegen, dass es Lukas nicht um einen historiographischen Bericht geht, sondern um die echte Gewissheit geht, dass sich nunmehr die alten Heilsaussagen in Jesus erfüllt haben und Realität geworden sind. Das ist keine historische, sondern eine theologische Aussage, die nicht weniger wahr ist, als wenn sie genau so abgelaufen wäre, wie sie uns der Autor Lukas, wer immer das im Einzelnen ist, erzählt hat.

Kapitel 9: Synoptischer Text der Kindheitsevangelien

Matthäus

Buch des Ursprungs von Jesus, dem Sohn Davids, dem Sohn Abrahams.

2 Abraham war der Vater von Isaak, Isaak von Jakob, Jakob von Juda und seinen Brüdern. 3 Juda war der Vater von Perez und Serach; ihre Mutter war Tamar. Perez war der Vater von Hezron, Hezron von Aram,
4 Aram von Amminadab, Amminadab von Nachschon, Nachschon von Salmon. 5 Salmon war der Vater von Boas; dessen Mutter war Rahab. Boas war der Vater von Obed; dessen Mutter war Rut. Obed war der Vater von Isai, 6 Isai der Vater des Königs David. David war der Vater von Salomo, dessen Mutter die Frau des Urija war. 7 Salomo war der Vater von Rehabeam, Rehabeam von Abija, Abija von Asa, 8 Asa von Joschafat, Joschafat von Joram, Joram von Usija.
9 Usija war der Vater von Jotam, Jotam von Ahas, Ahas von Hiskija, 10 Hiskija von Manasse, Manasse von Amos, Amos von Joschija. 11 Joschija war der Vater von Jojachin und seinen Brüdern; das war zur Zeit der Babylonischen Gefangenschaft. 12 Nach der Babylonischen Gefangenschaft war Jojachin der Vater von Schealtiël, Schealtiël von Serubbabel, 13 Serubbabel von Abihud, Abihud von Eljakim, Eljakim von Azor. 14 Azor war der Vater von Zadok, Zadok von Achim, Achim von Eliud, 15 Eliud von Eleasar, Eleasar von Mattan, Mattan von Jakob. 16 Jakob war der Vater von Josef, dem Mann Marias; von ihr wurde Jesus geboren, der der Christus (der Messias) genannt wird. 17 Im ganzen sind es also von Abraham bis David vierzehn Generationen, von David bis zur Babylonischen Gefangenschaft vierzehn Generationen und von der Babylonischen Gefangenschaft bis zu Christus vierzehn Generationen.

Lukas

1,1 Schon viele haben es unternommen, einen Bericht über all das abzufassen, was sich unter uns ereignet und erfüllt hat. 2 Dabei hielten sie sich an die Überlieferung derer, die von Anfang Augenzeugen und Diener des Wortes waren. 3 Nun habe auch ich mich entschlossen, allem von Grund auf sorgfältig nachzugehen, um es für dich, hochverehrter Theophilus, der Reihe nach aufzuschreiben. 4 So kannst du dich von der Zuverlässigkeit der Lehre überzeugen, in der du unterwiesen wurdest.

Die Vorfahren Josefs waren: Eli, 24 Mattat, Levi, Melchi, Jannai, Josef, 25 Mattitja, Amos, Nahum, Hesli, Naggai, 26 Mahat, Mattitja, Schimi, Josech, Joda, 27 Johanan, Resa, Serubbabel, Schealtiël, Neri, 28 Melchi, Addi, Kosam, Elmadam, Er, 29 Joschua, Eliëser, Jorim, Mattat, Levi, 30 Simeon, Juda, Josef, Jonam, Eljakim, 31 Melea, Menna, Mattata, Natan, David, 32 Isai, Obed, Boas, Salmon, Nachschon, 33 Amminadab, Admin, Arni, Hezron, Perez, Juda,
34 Jakob, Isaak, Abraham, Terach, Nahor, 35 Serug, Regu, Peleg, Eber, Schelach, 36 Kenan, Arpachschad, Sem, Noach, Lamech, 37 Metuschelach, Henoch, Jered, Mahalalel, Kenan, 38 Enosch, Set, Adam; (der stammte von) Gott.

5 Zur Zeit des Herodes, des Königs von Judäa, lebte ein Priester namens Zacharias, der zur Priesterklasse Abija gehörte. Seine Frau stammte aus dem Geschlecht Aarons; sie

Matthäus

hieß Elisabet. Die Gruppe Abija war die achte Dienstklasse oder Wochenabteilung der 24 priesterlichen Dienstordnungen die zwei- bis dreimal jährlich je eine Woche im Tempel Dienst taten. Die einzelnen Dienste bestimmte das Los. 6 Beide lebten so, wie es in den Augen Gottes recht ist, und hielten sich in allem streng an die Gebote und Vorschriften des Herrn.

7 Sie hatten keine Kinder, denn Elisabet war unfruchtbar, und beide waren schon in vorgerücktem Alter. 8 Eines Tages, als seine Priesterklasse wieder an der Reihe war und er beim Gottesdienst mitzuwirken hatte, 9 wurde, wie nach der Priesterordnung üblich, das Los geworfen, und Zacharias fiel die Aufgabe zu, im Tempel des Herrn das Rauchopfer darzubringen. 10 Während er nun zur festgelegten Zeit das Opfer darbrachte, stand das ganze Volk draußen und betete. 11 Da erschien dem Zacharias ein Engel des Herrn; er stand auf der rechten Seite des Rauchopferaltars. 12 Als Zacharias ihn sah, erschrak er, und es befiel ihn Furcht. 13 Der Engel aber sagte zu ihm: Fürchte dich nicht, Zacharias! Dein Gebet ist erhört worden. Deine Frau Elisabet wird dir einen Sohn gebären; dem sollst du den Namen Johannes geben. 14 Große Freude wird dich erfüllen, und auch viele andere werden sich über seine Geburt freuen. 15 Denn er wird groß sein vor dem Herrn. Wein und andere berauschende Getränke wird er nicht trinken, und schon im Mutterleib wird er vom Heiligen Geist erfüllt sein. 16 Viele Israeliten wird er zum Herrn, ihrem Gott, bekehren. 17 Er wird mit dem Geist und mit der Kraft des Elija dem Herrn vorangehen, um das Herz der Väter wieder den Kindern zuzuwenden und die Ungehorsamen zur Gerechtigkeit zu führen und so das Volk für den Herrn bereit zu machen. 18 Zacharias sagte zu dem Engel: Woran soll ich erkennen, daß das wahr ist? Ich bin ein alter Mann, und auch meine Frau ist in vorgerücktem Alter. 19 Der Engel erwiderte ihm: Ich bin Gabriel, der vor Gott steht, und ich bin gesandt worden, um mit dir zu reden und dir diese frohe Botschaft zu bringen. 20 Aber weil du meinen Worten nicht geglaubt hast, die in Erfüllung gehen, wenn die Zeit dafür da ist, sollst du stumm sein und nicht mehr reden können, bis zu dem Tag, an dem all das eintrifft.

Matthäus

21 Inzwischen wartete das Volk auf Zacharias und wunderte sich, daß er so lange im Tempel blieb. 22 Als er dann herauskam, konnte er nicht mit ihnen sprechen. Da merkten sie, daß er im Tempel eine Erscheinung gehabt hatte. Er gab ihnen nur Zeichen mit der Hand und blieb stumm. 23 Als die Tage seines Dienstes (im Tempel) zu Ende waren, kehrte er nach Hause zurück. 24 Bald darauf empfing seine Frau Elisabet einen Sohn und lebte fünf Monate lang zurückgezogen. Sie sagte: 25 Der Herr hat mir geholfen; er hat in diesen Tagen gnädig auf mich geschaut und mich von der Schande befreit, mit der ich in den Augen der Menschen beladen war.

26 Im sechsten Monat wurde der Engel Gabriel von Gott in eine Stadt in Galiläa namens Nazaret 27 zu einer Jungfrau gesandt. Sie war mit einem Mann namens Josef verlobt, der aus dem Haus David stammte. Der Name der Jungfrau war Maria. 28 Der Engel trat bei ihr ein und sagte: Sei gegrüßt, du Begnadete, der Herr ist mit dir. 29 Sie erschrak über die Anrede und überlegte, was dieser Gruß zu bedeuten habe. 30 Da sagte der Engel zu ihr: Fürchte dich nicht, Maria; denn du hast bei Gott Gnade gefunden. 31 Du wirst ein Kind empfangen, einen Sohn wirst du gebären: dem sollst du den Namen Jesus geben. 32 Er wird groß sein und Sohn des Höchsten genannt werden. Gott, der Herr, wird ihm den Thron seines Vaters David geben. 33 Er wird über das Haus Jakob in Ewigkeit herrschen, und seine Herrschaft wird kein Ende haben. 34 Maria sagte zu dem Engel: Wie soll das geschehen, da ich keinen Mann erkenne? 35 Der Engel antwortete ihr: Der Heilige Geist wird über dich kommen, und die Kraft des Höchsten wird dich überschatten. Deshalb wird auch das Kind heilig und Sohn Gottes genannt werden. 36 Auch Elisabet, deine Verwandte hat noch in ihrem Alter einen Sohn empfangen; obwohl sie als unfruchtbar galt, ist sie jetzt schon im sechsten Monat. 37 Denn für Gott ist nichts unmöglich. 38 Da sagte Maria: Ich bin die Magd des Herrn; mir geschehe, wie du es gesagt hast. Danach verließ sie der Engel. 39 Nach einigen Tagen machte sich Maria auf den Weg und eilte in eine Stadt im Bergland von Judäa. 40 Sie ging in das Haus des Zacharias und begrüßte Elisabet. 41 Als Elisabet den Gruß

Matthäus

Marias hörte, hüpfte das Kind in ihrem Leib. Da wurde Elisabet vom Heiligen Geist erfüllt: 42 und rief mit lauter Stimme: Gesegnet bist du mehr als alle anderen Frauen, und gesegnet ist die Frucht deines Leibes. 43 Wer bin ich, daß die Mutter meines Herrn zu mir kommt? 44 In dem Augenblick, als ich deinen Gruß hörte, hüpfte das Kind vor Freude in meinem Leib. 45 Selig ist die, die geglaubt hat, daß sich erfüllt, was der Herr ihr sagen ließ. 46 Da sagte Maria: Meine Seele preist die Größe des Herrn, 46 Meine Seele preist voll Freude den Herrn, 47 mein Geist ist voll Jubel über Gott, meinen Retter. 48 Denn er hat gnädig auf seine arme Magd geschaut. Von nun an preisen alle Geschlechter mich glücklich. 49 Denn der Mächtige hat an mir Großes getan; sein Name ist heilig. 50 Er schenkt sein Erbarmen von Geschlecht zu Geschlecht allen, die ihn fürchten und ehren. 51 Sein starker Arm vollbringt gewaltige Taten: Er macht die Pläne der Stolzen zunichte; 52 er stürzt die Mächtigen vom Thron und bringt die Armen zu Ehren; 53 er beschenkt mit seinen Gaben die Hungrigen, die Reichen aber schickt er mit leeren Händen fort. 54 Er nimmt sich gnädig seines Knechtes Israel an, denn er denkt an das Erbarmen, 55 das er unseren Vätern verheißen hat, Abraham und seinen Nachkommen, für ewige Zeiten. 56 Und Maria blieb etwa drei Monate bei ihr; dann kehrte sie nach Hause zurück. 57 Für Elisabet kam die Zeit der Niederkunft, und sie brachte einen Sohn zur Welt. 58 Ihre Nachbarn und Verwandten hörten, welch großes Erbarmen der Herr ihr erwiesen hatte, und freuten sich mit ihr. 59 Am achten Tag kamen sie zur Beschneidung des Kindes und wollten ihm den Namen seines Vaters Zacharias geben. 60 Seine Mutter aber widersprach ihnen und sagte: Nein, er soll Johannes heißen. 61 Sie antworteten ihr: Es gibt doch niemand in deiner Verwandtschaft, der so heißt. 62 Da fragten sie seinen Vater durch Zeichen, welchen Namen das Kind haben solle. 63 Er verlangte ein Schreibtäfelchen und schrieb zum Erstaunen aller darauf: Sein Name ist Johannes. 64 Im gleichen Augenblick konnte er Mund und Zunge wieder gebrauchen, und er redete und pries Gott. 65 Und alle, die in jener Gegend wohnten, erschraken, und man sprach von all diesen Dingen im ganzen Bergland

1,18 Mit der Geburt Jesu Christi war es so: Maria seine Mutter war mit Josef verlobt; noch ehe sie zusammengkommen waren, zeigte sich, dass sie ein Kind erwartete – durch das Wirken des Heiligen Geistes. 19 Josef, ihr Mann, der gerecht war, und sie nicht bloßstellen wollte,. beschloß, sich in aller Stille von ihr zu trennen. 20 Während er noch darüber nachdachte, erschien ihm ein Engel des Herrn im Traum und sagte: Josef, Sohn Davids, fürchte dich nicht, Maria als deine Frau zu dir zu nehmen; denn das Kind, das sie erwartet, ist vom Heiligen Geist.

von Judäa. 66 Alle, die davon hörten, machten sich Gedanken
darüber und sagten: Was wird wohl aus diesem Kind werden?
Denn es war deutlich, daß die Hand des Herrn mit ihm war.
67 Sein Vater Zacharias wurde vom Heiligen Geist erfüllt und
begann prophetisch zu reden: 68 Gepriesen sei der Herr, der
Gott Israels! Denn er hat sein Volk besucht und ihm Erlösung
geschaffen; 68 Gepriesen sei der Herr, der Gott Israels! Denn
in seiner Gnade ist er gekommen, um sein Volk zu erlösen. 69
Er hat uns einen mächtigen Retter gesandt aus dem Haus seines Knechtes David. 70 So hat er durch seine heiligen Propheten verheißen schon seit uralten Zeiten: 71 Er werde uns vor
unseren Feinden retten und vor allen, die uns mit ihrem Haß
verfolgen; 72 er werde sich unserer Väter erbarmen und sich
an seinen heiligen Bund erinnern, 73 an den Eid, den er unserem Vater Abraham geschworen hat: 74 er werde uns aus der
Gewalt unserer Feinde befreien, damit wir ihm furchtlos dienen 75 und heilig und gerecht vor ihm leben all unsre Tage.
76 Du aber, Kind, wirst ein Prophet des Höchsten sein, denn
du wirst dem Herrn vorangehen und ihm den Weg bereiten.
77 Du wirst seinem Volk die Einsicht schenken, daß es geret-
tet wird durch die Vergebung der Sünden; 78 denn unser Gott
ist reich an Erbarmen, darum kommt zu uns das strahlende
Licht aus der Höhe. 79 Es wird allen leuchten, die in Finsternis sitzen und im Dunkel des Todes; es wird unsere Schritte
auf den Weg des Friedens lenken. 80 Das Kind wuchs heran,
und sein Geist wurde stark.

2,1 In jenen Tagen erließ Kaiser Augustus den Befehl, alle Be-
wohner des Reiches in Steuerlisten einzutragen. 2 Dies geschah zum erstenmal; damals war Quirinius Statthalter von
Syrien. 3 Da ging jeder in seine Stadt, um sich eintragen zu
lassen. 4 So zog auch Josef von der Stadt Nazaret in Galiläa
hinauf nach Judäa in die Stadt Davids, die Betlehem heißt;
denn er war aus dem Haus und Geschlecht Davids. 5 Er
wollte sich eintragen lassen mit Maria, seiner Verlobten, die
ein Kind erwartete. 6 Als sie dort waren, kam für Maria die
Zeit ihrer Niederkunft, 7 und sie gebar ihren Sohn, den Erstgeborenen. Sie wickelte ihn in Windeln und legte ihn in eine

21 Sie wird einen Sohn gebären; ihm sollst du den Namen Jesus geben; denn er wird sein Volk von seinen Sünden erlösen.

22 Dies alles ist geschehen, damit sich erfüllte, was der Herr durch den Propheten gesagt hat: 23 Seht, die Jungfrau wird ein Kind empfangen, einen Sohn wird sie gebären, und sie wird ihm den Namen Immanuel geben, das heißt übersetzt: Gott ist mit uns.

24 Als Josef erwachte, tat er, was der Engel des Herrn ihm befohlen hatte, und nahm seine Frau zu sich. 25 Er erkannte sie aber nicht, bis sie ihren Sohn gebar. Und er gab ihm den Namen Jesus.

Krippe, weil in der Herberge kein Platz für sie war. 8 In jener Gegend lagerten Hirten auf freiem Feld und hielten Nachtwache bei ihrer Herde. 9 Da trat der Engel des Herrn zu ihnen, und der Glanz des Herrn umstrahlte sie. Sie fürchteten sich sehr, 10 der Engel aber sagte zu ihnen: Fürchtet euch nicht, denn ich verkünde euch eine große Freude, die dem ganzen Volk zuteil werden soll: 11 Heute ist euch in der Stadt Davids der Retter geboren; er ist der Messias, der Herr. 12 Und das soll euch als Zeichen dienen: Ihr werdet ein Kind finden, das, in Windeln gewickelt, in einer Krippe liegt. 13 Und plötzlich war bei dem Engel ein großes himmlisches Herr, das Gott lobte und sprach: 14 Verherrlicht ist Gott in der Höhe und Friede bei den Menschen seiner Gnade. 15 Als die Engel sie verlassen hatten und in den Himmel zurückgekehrt waren, sagten die Hirten zueinander: Kommt, wir gehen nach Bethlehem, um das Ereignis zu sehen, das uns der Herr verkünden ließ. 16 So eilten sie hin und fanden Maria und Josef und das Kind, das in der Krippe lag. 17 Als sie es sahen, erzählten sie, was ihnen über dieses Kind gesagt worden war. 18 Und alle, die es hörten, staunten über die Worte der Hirten. 19 Maria aber bewahrte alles, was geschehen war, in ihrem Herzen und dachte darüber nach. 20 Die Hirten kehrten zurück, rühmten Gott und priesen ihn für das, was sie gehört und gesehen hatten; denn alles war so gewesen, wie es ihnen gesagt worden war. 21 Als acht Tage vorüber waren und das Kind beschnitten werden sollte, gab man ihm den Namen Jesus, den der Engel genannt hatte, noch ehe das Kind im Schoß seiner Mutter empfangen wurde. 22 Dann kam für sie der Tag der vom Gesetz des Mose vorgeschriebenen Reinigung. Sie brachten das Kind nach Jerusalem hinauf, um es dem Herrn zu weihen, 23 gemäß dem Gesetz des Herrn, in dem es heißt: Jede männliche Erstgeburt soll dem Herrn geweiht sein. 24 Auch wollten sie ihr Opfer darbringen, wie es das Gesetz des Herrn vorschreibt: ein Paar Turteltauben oder zwei junge Tauben. 25 In Jerusalem lebte damals ein Mann namens Simeon. Er war gerecht und fromm und wartete auf die Rettung Israels, und der Heilige Geist ruhte auf ihm. 26 Vom Heiligen Geist war ihm offenbart worden, er werde

2,1 Als Jesus zur Zeit des Königs Herodes in Betlehem in Judäa geboren worden war, kamen Sterndeuter aus dem Osten nach Jerusalem 2 und fragten: Wo ist der neugeborene König der Juden? Wir haben seinen Stern aufgehen sehen und sind gekommen, um ihm zu huldigen. 3 Als König Herodes das hörte, erschrak er und mit ihm ganz Jerusalem. 4 Er ließ alle Hohenpriester und Schriftgelehrten des Volkes zusammenkommen und erkundigte sich bei ihnen, wo der Messias geboren werden solle. 5 Sie antworteten ihm: In Betlehem in Judäa;

den Tod nicht schauen, ehe er den Messias des Herrn gesehen habe. 27 Jetzt wurde er vom Geist in den Tempel geführt; und als die Eltern Jesus hereinbrachten, um zu erfüllen, was nach dem Gesetz üblich war, 28 nahm Simeon das Kind in seine Arme und pries Gott mit den Worten: 29 Nun läßt du, Herr, deinen Knecht, wie du gesagt hast, in Frieden scheiden, wie dein Wort es verheißen hat. 30 Denn meine Augen haben das Heil geschaut, 31 das du geschaffen hast, damit alle Völker es sehen: 32 ein Licht, das die Heiden erleuchtet, und eine Verherrlichung deines Volkes Israel. 30 Denn meine Augen haben das Heil gesehen, 31 das du vor allen Völkern bereitet hast, 32 ein Licht, das die Heiden erleuchtet, und Herrlichkeit für dein Volk Israel. 33 Sein Vater und seine Mutter staunten über die Worte, die über Jesus gesagt wurden. 34 Und Simeon segnete sie und sagte zu Maria, der Mutter Jesu: Dieser ist dazu bestimmt, daß in Israel viele durch ihn zu Fall kommen und viele aufgerichtet werden, und er wird ein Zeichen sein, dem widersprochen wird. 35 Dadurch sollen die Gedanken vieler Menschen offenbar werden. Dir selbst aber wird ein Schwert durch die Seele dringen. 36 Damals lebte auch eine Prophetin namens Hanna, eine Tochter Penuëls, aus dem Stamm Ascher. Sie war schon hochbetagt. Als junges Mädchen hatte sie geheiratet und sieben Jahre mit ihrem Mann gelebt; 37 nun war sie eine Witwe von vierundachtzig Jahren. Sie hielt sich ständig im Tempel auf und diente Gott Tag und Nacht mit Fasten und Beten.
38 In diesem Augenblick nun trat sie hinzu, pries Gott und sprach über das Kind zu allen, die auf die Erlösung Jerusalems warteten. 39 Als seine Eltern alles getan hatten, was das Gesetz des Herrn vorschreibt, kehrten sie nach Galiläa in ihre Stadt Nazaret zurück.

denn so steht es bei dem Propheten: 6 Du, Betlehem im Gebiet von Juda, bist keineswegs die unbedeutendste unter den führenden Städten von Juda; denn aus dir wird ein Fürst hervorgehen, der Hirt meines Volkes Israel. 7 Danach rief Herodes die Sterndeuter heimlich zu sich und ließ sich von ihnen genau sagen, wann der Stern erschienen war. 8 Dann schickte er sie nach Betlehem und sagte: Geht und forscht sorgfältig nach, wo das Kind ist; und wenn ihr es gefunden habt, berichtet mir, damit auch ich hingehe und ihm huldige.

9 Nach diesen Worten des Königs machten sie sich auf den Weg. Und der Stern, den sie hatten aufgehen sehen, zog vor ihnen her bis zu dem Ort, wo das Kind war; dort blieb er stehen. 10 Als sie den Stern sahen, wurden sie von sehr großer Freude erfüllt. 11 Sie gingen in das Haus und sahen das Kind und Maria, seine Mutter; da fielen sie nieder und huldigten ihm. Dann holten sie ihre Schätze hervor und brachten ihm Gold, Weihrauch und Myrrhe als Gaben dar. 12 Weil ihnen aber im Traum geboten wurde, nicht zu Herodes zurückzukehren, zogen sie auf einem anderen Weg heim in ihr Land. 13 Als die Sterndeuter wieder gegangen waren, erschien dem Josef im Traum ein Engel des Herrn und sagte: Steh auf, nimm das Kind und seine Mutter, und flieh nach Ägypten; dort bleibe, bis ich dir etwas anderes auftrage; denn Herodes wird das Kind suchen, um es zu töten. 14 Da stand Josef in der Nacht auf und floh mit dem Kind und dessen Mutter nach Ägypten. 15 Dort blieb er bis zum Tod des Herodes. Denn es sollte sich erfüllen, was der Herr durch den Propheten gesagt hat: Aus Ägypten habe ich meinen Sohn gerufen. 16 Als Herodes merkte, daß ihn die Sterndeuter getäuscht hatten, wurde er sehr zornig, und er ließ in Betlehem und der ganzen Umgebung alle Knaben bis zum Alter von zwei Jahren töten, genau der Zeit entsprechend, die er von den Sterndeutern erfahren hatte. 17 Damals erfüllte sich, was durch den Propheten Jeremia gesagt worden ist: 18 Ein Geschrei war in Rama zu hören, lautes Weinen und Klagen: Rahel weinte um ihre Kinder und wollte sich nicht trösten lassen, denn sie waren dahin. 19 Als Herodes gestorben war, erschien dem Josef in Ägypten ein Engel des Herrn im Traum 20 und sagte: Steh auf, nimm

das Kind und seine Mutter, und zieh in das Land Israel; denn die Leute, die dem Kind nach dem Leben getrachtet haben, sind tot. Da stand er auf und zog mit dem Kind und dessen Mutter in das Land Israel 22 Als er aber hörte, daß in Judäa Archelaus an Stelle seines Vaters Herodes regierte, fürchtete er sich, dorthin zu gehen. Und weil er im Traum einen Befehl erhalten hatte, zog er in das Gebiet von Galiläa 23 und ließ sich in einer Stadt namens Nazaret nieder. Denn es sollte sich erfüllen, was durch die Propheten gesagt worden ist: Er wird Nazoräer genannt werden.

40 Das Kind wuchs heran und wurde kräftig; Gott erfüllte es mit Weisheit, und seine Gnade ruhte auf ihm.

41 Die Eltern Jesu gingen jedes Jahr zum Paschafest nach Jerusalem. 42 Als er zwölf Jahre alt geworden war, zogen sie wieder hinauf, wie es dem Festbrauch entsprach. 43 Nachdem die Festtage zu Ende waren, machten sie sich auf den Heimweg. Der junge Jesus aber blieb in Jerusalem, ohne daß seine Eltern es merkten. 44 Sie meinten, er sei irgendwo in der Pilgergruppe, und reisten eine Tagesstrecke weit; dann suchten sie ihn bei den Verwandten und Bekannten. 45 Als sie ihn nicht fanden, kehrten sie nach Jerusalem zurück und suchten ihn dort. 46 Nach drei Tagen fanden sie ihn im Tempel; er saß mitten unter den Lehrern, hörte ihnen zu und stellte Fragen. 47 Alle, die ihn hörten, waren erstaunt über sein Verständnis und über seine Antworten. 48 Als seine Eltern ihn sahen, waren sie sehr betroffen, und seine Mutter sagte zu ihm: Kind, wie konntest du uns das antun? Dein Vater und ich haben dich voll Angst gesucht. 49 Da sagte er zu ihnen: Warum habt ihr mich gesucht? Wußtet ihr nicht, daß ich in dem sein muß, was meinem Vater gehört? 50 Doch sie verstanden nicht, was er damit sagen wollte. 51 Dann kehrte er mit ihnen nach Nazaret zurück und war ihnen gehorsam. Seine Mutter bewahrte alles, was geschehen war, in ihrem Herzen.

52 Jesus aber wuchs heran, und seine Weisheit nahm zu, und er fand Gefallen bei Gott und den Menschen.

80b Und Johannes lebte in der Wüste bis zu dem Tag, an dem er den Auftrag erhielt, in Israel aufzutreten.

3,1 Es war im fünfzehnten Jahr der Regierung des Kaisers Tiberius; Pontius Pilatus war Statthalter von Judäa, Herodes Tetrarch von Galiläa, sein Bruder Philippus Tetrarch von Ituräa und Trachonitis, Lysanias Tetrarch von Abilene; 2 Hohepriester waren Hannas und Kajaphas. Da erging in der Wüste das Wort Gottes an Johannes, den Sohn des Zacharias. 3 Und er zog in die Gegend am Jordan und verkündigte gelehrt, daß ihr dem kommenden Gericht entrinnen könnt? dort überall Umkehr und Taufe zur Vergebung der Sünden. 4 (So erfüllte sich,) was im Buch der Reden des Propheten Jesaja steht: Eine Stimme ruft in der Wüste: Bereitet dem Herrn den Weg! Ebnet ihm die Straßen! 5 Jede Schlucht soll aufgefüllt werden, jeder Berg und Hügel sich senken. Was krumm ist, soll gerade werden, was uneben ist, soll zum ebenen Weg werden. 6 Und alle Menschen werden das Heil sehen, das von Gott kommt. 7 Das Volk zog in Scharen zu ihm hinaus, um sich von ihm taufen zu lassen. Er sagte zu ihnen: Ihr Schlangenbrut, wer hat euch denn gelehrt, dass ihr dem kommenden Gericht entrinnen könnt?
8 Bringt Früchte hervor, die eure Umkehr zeigen, und fangt nicht an zu sagen: Wir haben ja Abraham zum Vater. Denn ich sage euch: Gott kann aus diesen Steinen Kinder Abrahams machen. 9 Schon ist die Axt an die Wurzel der Bäume gelegt; jeder Baum, der keine gute Frucht hervorbringt, wird umgehauen und ins Feuer geworfen. 10 Da fragten ihn die Leute: Was sollen wir also tun? 11 Er antwortete ihnen: Wer zwei Gewänder hat, der gebe eines davon dem, der keines hat, und wer zu essen hat, der handle ebenso. 12 Es kamen auch Zöllner zu ihm, um sich taufen zu lassen, und fragten: Meister, was sollen wir tun? 13 Er sagte zu ihnen: Verlangt nicht mehr, als festgesetzt ist. 14 Auch Soldaten fragten ihn: Was sollen denn wir tun? Und er sagte zu ihnen: Mißhandelt niemand, erpreßt niemand, begnügt euch mit eurem Sold! 15 Das Volk war voll Erwartung, und alle überlegten im stillen, ob nicht Johannes vielleicht selbst der Messias sei. 16 Doch Johannes

3,13 Zu dieser Zeit kam Jesus von Galiläa an den Jordan zu Johannes, um sich von ihm taufen zu lassen. 14 Johannes aber wollte es nicht zulassen und sagte zu ihm: Ich müsste von dir getauft werden, und du kommst zu mir? 15 Jesus antwortete ihm: Laß es nur zu! Denn nur so können wir die Gerechtigkeit, die Gott fordert ganz erfüllen. Da gab Johannes nach.

16 Kaum war Jesus getauft und aus dem Wasser gestiegen, da öffnete sich der Himmel und er sah den Geist Gottes wie eine Taube auf sich herabkommen. 17 Und eine Stimme aus dem Himmel sprach: Das ist mein geliebter Sohn, an dem ich Gefallen gefunden habe.

gab ihnen allen zur Antwort: Ich taufe euch nur mit Wasser. Es kommt aber einer, der stärker ist als ich, und ich bin es nicht wert, ihm die Schuhe aufzuschnüren. Er wird euch mit dem Heiligen Geist und mit Feuer taufen. 17 Schon hält er die Schaufel in der Hand, um die Spreu vom Weizen zu trennen und den Weizen in seine Scheune zu bringen; die Spreu aber wird er in nie erlöschendem Feuer verbrennen. 18 Mit diesen und vielen anderen Worten ermahnte er das Volk in seiner Predigt. 19 Johannes tadelte auch den Tetrarchen Herodes wegen (der Sache mit) Herodias, der Frau seines Bruders, und wegen all der anderen Schandtaten, die er verübt hatte. 20 Deshalb ließ Herodes Johannes ins Gefängnis werfen und lud so noch mehr Schuld auf sich.

21 Zusammen mit dem ganzen Volk ließ auch Jesus sich taufen. Und während er betete, öffnete sich der Himmel, 22 und der Heilige Geist kam sichtbar in Gestalt einer Taube auf ihn herab, und eine Stimme aus dem Himmel sprach: <u>Du bist mein geliebter Sohn, an dir habe ich Gefallen gefunden.</u>*
23 Jesus war etwa dreißig Jahre alt, als er zum erstenmal öffentlich auftrat. Man hielt ihn für den Sohn Josefs.

* nach dem Vorbild des Evangelisten Markus

Kapitel 10: Stichworte zu Weihnachten und Worterklärungen

Einige Stichworte wurden im Folgenden ausführlicher oder ergänzend zum laufenden Text dargestellt. So kann vielleicht nötige Information gegeben werden, ohne den Fluss der Darlegungen zu sprengen. Fremdwörter werden danach erläutert.

Stichworte zur Weihnachtskunde

Beschneidung des Herrn: Das bis dahin seit dem 6. Jahrhundert gefeierte „Fest der Beschneidung des Herrn" am 1. Januar fiel 1969 der Liturgiereform des Zweiten Vatikanischen Konzils zum Opfer und wurde durch das „Hochfest der Gottesmutter Maria" ersetzt. War die Beschneidung ein zu eindeutiger Hinweis auf das Judesein Jesu?

Mit einer einsehbaren Begründung für den Wegfall des Marienfestes am 2. Februar „Mariä Reinigung oder Lichtmeß", das seit Jahrhunderten in der westlichen Kirche gefeiert wurde, ersetzte Papst Paul VI das alte Fest durch „Fest der Darstellung des Herrn", wie es in der Ostkirche nach dem im jüdischen Gesetz vorgeschriebenen vierzigsten Tag nach der Geburt stets gefeiert worden war. So schwer es diesem Papst sicher gefallen ist, ein Marienfest aufzugeben, hatte es für sich, dass Maria als Makellose ja wohl der im jüdischen Gesetz vorgeschriebenen Reinigung nach der Geburt nicht bedurfte und die Erinnerung daran nicht mehr bedacht werden musste, also eine in sich logische Entscheidung.

Lichtmeß hieß das Fest, weil seit dem 6.Jahrhundert eine Lichterprozession die Erinnerung an die alte heidnische Sühneprozession in Rom überdecken sollte. Jesus zur Ehre, „Dem Licht zur Erleuchtung der Heiden". Mit diesem Fest schließt der Weihnachtsfestkreis.

Bethlehemitischer Kindermord: Der B. ist nirgendwo außerhalb der Bibel bezeugt, nicht einmal bei dem sonst dem jüdischen Leben recht kritisch gegenüberstehenden Flavius Josephus. Auch hierfür findet Matthäus wieder Zitate im Alten

Testament, deren Erfüllung er aufschreibt. Zudem gibt diese Episode einen guten Grund für den Ägyptenaufenthalt der Heiligen Familie. Die Grausamkeit, die in dem Hinmetzeln der Kinder liegt, konnte man dem im Volke ungeliebten, ja verhassten König Herodes schon zutrauen. In vielen jüdisch-christlichen Quellen wird er als grausamer, hinterhältiger und despotischer Tyrann dargestellt. Kein Wunder, ließ er doch seine beiden Söhne Alexander und Aristobal aus der Ehe mit Mariamne sowie seinen erstgeborenen Sohn Antipater hinrichten, weil sie angeblich seine Macht bedrohten. Im politischen Handeln war er voller Ranküne und hängte sein Mäntelchen gerne nach dem Wind, um seinen Vorteil und seine Herrschaft zu erhalten und zu erweitern. Obwohl er den Salomonischen Tempel wieder aufbaute, gewann er damit nicht wie er erhofft hatte, die Gunst des Volkes, das ihn immer als Fremden betrachtete.

Census: Eine bei Lukas erwähnte Zählung der Römer, die in größeren Abständen regelmäßig die Leistungen der Bürger festhielten. Die bei Lukas erwähnte Feststellung ist nicht durch historische Daten belegt, sondern wohl ein Stilmittel, um den Geburtsort Bethlehem, die Davidsstadt zu begründen.

Drei Magier, Könige, Weise: Magoi (μάγοι), daher unser deutsches Wort Magier, heißen bei Matthäus die Männer, die aus dem Osten kamen. Der Name geht auf einen persischen Stamm zurück, aus dem für die persische Religion Männer zu Priesterdiensten berufen wurden, die in Astronomie und Astrologie besonders bewandert waren. Zugleich betätigten sie sich mit Traumdeutungen und Wahrsagen. Ihr geheimes Wissen wurde öfter als Fähigkeit zur Zauberei und Magie gedeutet. Matthäus versteht sie wohl positiv als gelehrte heidnische Sterndeuter, die die Zeichen der Geburt des Messias erkannt haben und in Vertretung der Völker der Welt kommen, dem königlichen Kind zu huldigen, und deshalb zuerst ihren Weg in den königlichen Palast suchen.

Herodes sucht sich ihrer zu bedienen, wenn sie den möglichen Konkurrenten ausfindig gemacht hätten, aber Gott warnt sie durch seinen Engel. Die Gaben, die sie mitbringen, Gold,

Weihrauch (Jesaja 60,6) und Myrrhe (Hohes Lied 3,6) sind kostbare, wahrhaft königliche Geschenke.

Diese Dreizahl führte zur Legendenbildung der „Drei Könige" als Vertreter der bekannten Erdteile. Möglicherweise auch im Reflex auf Psalm 72,10, wo die fremden Könige den verheißenen König besuchen und ehren, vor ihm niederzufallen, um ihm zu huldigen. Jesaja 60,5 f. könnte Pate gestanden haben; es könnten die Jesajastellen von der Völkerwallfahrt (2,3 f und 60,3 f) im Blick gewesen sein.

Ihre Namen erhalten sie erst im 9. Jahrhundert; dass einer ein „Mohr" gewesen sein soll, ist aus der spanischen Buchmalerei seit dem 12. Jahrhundert und häufiger seit dem 15. Jahrhundert überliefert. Prägend wurde für Deutschland Dürers Anbetung der Könige, der im Jabach'schen Altar von 1504 den jüngsten König dunkelhäutig malt. Die französische Tradition kennt den „Mohren" nicht.

Bei Lukas findet man keinen Hinweis auf die Magier, die nicht ein sein Konzept passen, hat der doch mehrfach in der Apostelgeschichte die Magier angeprangert wegen der zauberischen Kräfte (Apostelgeschichte 8,9–13; 18–24 der Zauberer Simon, der Zauberer und falsche Prophet Barjesus 13,6–12, die wahrsagende Magd aus Philippi 16,16–18); ihre Nennung wäre allein daher für ihn suspekt.

Die Magier verschwinden bald aus der Geschichte der Bibel wie später auch Joseph.

Eigentümlichkeiten der Texte (in Auswahl): Beim Beginn des öffentlichen Lebens und der Taufe Jesus im Jordan ist eine seltsame Fremdheit von Jesus und Johannes festzustellen, die trotz vetterlicher Verwandtschaft befremden würde, wenn denn die Erzählungen davon ausgingen, Historisches und nicht Exemplarisches zu berichten.

Bei der Darstellung im Tempel ist bei den „königlichen Geschenken", welche die Familie erhalten haben soll, das „Arme-Leute-Opfer" des Joseph und der Maria kaum zu verstehen; das kann nur ein Hinweis des Lukas auf die Armut des Messias sein, in der er zu den Menschen kommt. Auch diese Ungereimtheit ist ein Verweis auf die bei Matthäus und Lukas eigenständige Erzählung des Exemplarischen in der Geschichte der Kindheit Jesu.

Was soll ein Kleinkind mit Myrrhe. Sollte davon etwa die Rede sein, damit spätere Interpreten einen dezenten Hinweis auf die Grablegung finden? Vielleicht.

Der arme Jesus und der Weihrauch passen auch nicht recht zueinander, wenn man die Geschichte vordergründig liest.

Die frühe Gemeinde war offensichtlich ohne Interesse an der Kindheitsgeschichte; sie sah die Verheißung des nahenden Gottesreiches und glaubte an die baldige Vollendung der Geschichte, wie Paulus oft genug bezeugt. Je weiter das Weltende sich verschob und je weniger stark diese Glaubenskraft war, umso mehr wurden andere, auch private Dinge interessant.

Die übrigen anscheinenden Widersprüchlichkeiten der Kindheitsgeschichten werden dann sichtbar, wenn man die Texte irrigerweise zu harmonisieren versucht, das heißt alle gleichwertig nacheinander und ineinander verschränkt und darstellt, wie man im synoptischen Text selbst nachlesen kann.

Flucht nach Ägypten: Wieso flieht Joseph mit seiner Familie nach Ägypten und bleibt nach der Legende sieben Jahre dort? Mehr als sechshundert Mal wird die Wortfamilie Ägypten-ägyptisch-Ägypter im Alten Testament erwähnt und in der Regel als abschreckendes, feindliches, vor allem gottloses Ausland benannt. Sollte sich das verhasste Land der fremden Götzen als sicherer Hort für die Familie erweisen können? Historisch war Ägypten zwar eine römische Provinz und vor dem Zugriff des Königs Herodes ziemlich sicher. Aber sollte für den schriftkundigen Matthäus nicht doch ein tieferer Sinn darin liegen, Jesus den neuen Moses und neuen Retter mit dem Land in Verbindung zu bringen, aus dem der erste Mose sein Volk Israel in die Freiheit des gelobten Landes geführt hatte? Es gab bei Hosea (11,1) die Verheißung: *Als Israel jung war, gewann ich ihn lieb, ich rief meinen Sohn aus Ägypten.*

Und in Exodus 4 steht über Mose geschrieben:
22 Dann sag zum Pharao: So spricht Jahwe: Israel ist mein erstgeborener Sohn.
23 Ich sage dir: Lass meinen Sohn ziehen, damit er mich verehren kann. Wenn du dich weigerst, ihn ziehen zu lassen, bringe ich deinen erstgeborenen Sohn um.

In Deuteronomium 7 heißt es:
… deshalb hat der Herr euch mit starker Hand herausgeführt und euch aus dem Sklavenhaus freigekauft, aus der Hand des Pharao, des Königs von Ägypten.

Matthäus als der Autor der Verheißungserfüllungen hatte hiermit das Stichwort für seine Komposition. Die schließt logischerweise die Geschichte vom bethlehemitischen Kindermord in die Darstellungen ein.

Geburtsort Jesu: Mit Berufung auf Prophetenworte und die Heimatstadt Davids gilt Bethlehem als G. Jesus. Da die Berichte der Evangelisten nur bedingt auf historische Fakten zurückgreifen, sondern vor allem theologische Verkündigung sind, ist bei manchen Autoren Bethlehem in Frage gestellt, weil Nazareth als Heimatort Jesu genannt wird. Nazareth kommt aber im Alten Testament nicht vor und eignet sich dann nur schwer als G. Jesu eingeführt zu werden, weil sich doch Matthäus und Lukas so sehr auf das Alte Testament berufen. Eindeutig ist die Frage nicht zu klären. Wichtiger als das historische Faktenwissen über den G. ist ja aber auch die theologische Aussage über die Geburt Jesu, dass er als Mensch in die Welt gekommen ist.

Heilige Familie (HF): Heilige Sippe wird die sich um Anna mit ihrer Tochter Maria und dem Jesusknaben gruppierende Familie genannt, in der die Dreizahl (versteckter Hinweis auf die Trinität?) eine gewisse Rolle spielt.

Die eigentliche HF sind Joseph, Maria und der Jesusknabe. Was bei Matthäus und Lukas nur knapp angedeutet wird, haben an ausschmückenden und ausufernden Inhalten die apokryphen Kindheitsevangelien und weitere Legenden beigetragen, besonders solche, die über das sieben Jahre währende Leben in Ägypten und später Nazareth berichten. Die Geschehnisse um den → Zwölfjährigen gehören ebenso dazu, wie vor allem in der Kunst des 17. und 18. Jahrhunderts zu findenden oft kleineren Andachtsbildern aus dem alltäglichen Familienleben und beim Tischgebet.

Die Szenen beginnen mit der Rückkehr aus Ägypten. In der Zeit ab dem 14. Jahrhundert sind es meist Darstellungen des Jesusknaben, der seinem Vater bei der Arbeit hilft. Nach der Reformation werden in Bildern von der Ruhe auf der Flucht nach Ägypten oft auch Gottvater und der Heilige Geist in der Gestalt der Taube mit dargestellt als „Trinitas terrestris", irdische Trinität.

Heimführung, Heimholung: Die jüdischen Mädchen heirateten gewöhnlich nach Eintritt der Geschlechtsreife mit 13 bis 14 Jahren, die jungen Männer mit 18 bis 24 Jahren. Die „Verlobung" stellte ein eindeutiges rechtsverbindliches Eheversprechen dar; die eheliche Gemeinschaft wurde aber erst nach der Heimholung der Braut durch den Ehegatten, meist ein oder eineinhalb Jahre später, aufgenommen. Die Verlobte gilt bereits weitgehend als Ehefrau, untersteht bis zur H. in ihren häuslichen und wirtschaftlichen Verhältnissen aber weiterhin der Gewalt des Vaters. Bei Tod des Mannes, Scheidung, Ehebruch wurde sie wie eine Verheiratete behandelt. Hätte der Engel Joseph nicht eine andere Weisung gegeben, hätte er Maria per Scheidebrief entlassen müssen.

Es spricht für den Charakter Josephs, dass er sie nicht verletzen, sondern heimlich entlassen wollte, was allerdings nicht ohne die zwei erforderlichen Zeugen möglich gewesen wäre.

Herbergssuche: Herbergen sind Unterkünfte für Menschen, Ställe Unterkünfte für Tiere. Der Stall als Höhle ist ein religionsgeschichtlich ziemlich verbreiteter Topos für den Geburtsort des göttlichen Kindes. Wie die tatsächlichen Verhältnisse gewesen sein mögen, ist nicht mehr feststellbar. Das ist aber auch nicht wichtig, weil es Lukas lediglich darauf ankommt, anzuzeigen, dass und in was für ärmlichen Verhältnissen der König der Welt geboren wird, um unter den Menschen als einer der ihren zu sein. Spätere apokryphe Texte und Legenden und die Krippenspiele schmücken bis heute die Szene fast ins Uferlose aus. Das spätere Johanneswort wird ganz anschaulich: „… und sie nahmen ihn nicht auf." Das ist allerdings sicher weniger ein Bezug auf die H. als eine geistliche Aussage.

Das griechische Wort *katalyma* (das im Deutschen mit Herberge übersetzt wird), ist nicht eindeutig Herberge als Gästeraum, sondern als Wohnraum, der für Menschen geeignet ist im Gegensatz zu Stallung. Wenn Lukas davon spricht, dass in der Herberge kein Platz war, dann ist die wesentliche Aussage, dass Jesus sich nicht zu schade ist, in fast menschenunwürdig-armen Verhältnissen auf die Welt zu kommen, unter dem Vieh, unter den Ärmsten. Dass daraus die Herbergssuchen mit den bösen, verhärteten Wirten werden, ist eine wirkungsvoll darstellbare, volkstümliche Sicht.

Es ist schon sehr fraglich und sei dahingestellt, ob es in Bethlehem, falls das der wirkliche Geburtsort Jesu war, so nah bei Jerusalem, zur damaligen Zeit überhaupt eine allgemeine Herberge gab. Zudem spricht die bis heute sprichwörtliche Gastfreundschaft der dort lebenden Menschen nicht unbedingt für eine historische Begebenheit der H. in der bei Lukas geschilderten Form; als literarische Fiktion aber passt sie in die Darstellung des Lukas:

Mitte des 2. Jahrhunderts wird die Situation im Protoevangelium des Jakobus erstmals historisch lokalisiert. Wir beschränken uns in unseren Ausführungen aber auf die biblischen Texte.

Höhle: Die Geburtsgrotte , die in Bethlehem gezeigt wird, und die in den Boden gegrabene Wohnung der Heiligen Familie in Nazareth müssen nicht unbedingt authentisch sein, können aber ein gutes Beispiel dafür abgeben, wie Menschen in diesem Bereich damals gelebt haben. Wenn sie auch nicht für Jesu Familie verbürgt sind, geben sie ein reales Bild für das Wohnen in Palästina in der damaligen Zeit.

Mitte des 2. Jahrhunderts spricht der Märtyrer Justin von einer Höhle als Geburtsort Jesu, möglicherweise durch das apokryphe Evangelium des Jakobus angeregt, da auch er eine Höhle nennt. Origines (1. Hälfte des 3. Jahrhunderts) war aus eigener Anschauung eine Höhle mit einer Krippe in Bethlehem bekannt, die als Geburtshöhle galt und bis heute in der Tradition die Geburtsgrotte geblieben ist.

Joseph (*„Jahwe möge noch weitere Kinder zu den geborenen hinzufügen"*): J war der Ehemann Marias: Sein Vater wird Jakob oder Eli genannt (Mt 1,16; Lk 3,23. J. selbst ist Bauhandwerker (Mt 13,55). Er tritt sehr oft auf in den Berichten der Kindheitsgeschichte Jesu; später wird er kaum mehr genannt (war er gestorben?). Es gibt keinen biblischen Anhaltspunkt dafür, J. in der Kunst als alten Mann darzustellen.

Zwölfmal wird Joseph namentlich in den Evangelien erwähnt, davon achtmal in den Kindheitsgeschichten des Matthäus (fünfmal) und des Lukas (dreimal); zweimal wird er bei Lukas im Verlauf des weiteren Textes als der Vater Jesu erwähnt. Bei Johannes erscheint sein Name aus demselben Grund zweimal auf. Markus spielt er überhaupt keine Rolle.

Joseph, ein Nachkomme von David, Bräutigam bzw. Mann von Maria, rechtlich der Vater von Jesus:

Mt 1,16 Jakob war der Vater von Joseph, dem Mann Marias
18f Maria, seine Mutter, war mit Joseph verlobt ... Joseph, ihr Mann, der gerecht war
20 Joseph, Sohn Davids, fürchte dich nicht, Maria als deine Frau zu dir zu nehmen
24f Als Joseph erwachte, tat er, was der Engel des Herrn ihm befohlen hatte, und nahm seine Frau zu sich.
Lk 1,27 Sie war mit einem Mann namens Joseph verlobt, der aus dem Haus David stammte.
Lk 2,4 So zog auch Joseph von der Stadt Nazaret in Galiläa hinauf nach Judäa in die Stadt Davids
16 So eilten sie hin und fanden Maria und Joseph und das Kind, das in der Krippe lag

(3,23 Man hielt ihn für den Sohn Josephs. Die Vorfahren Josephs waren ...
4,22 sie staunten darüber, wie begnadet er redete, und sagten: Ist das nicht der Sohn Josephs?
Joh 1,45 Philippus traf Natanaël und sagte zu ihm: Wir haben den gefunden, über den Mose im Gesetz und auch die Propheten geschrieben haben: Jesus aus Nazaret, den Sohn Josephs.
6,42 Und sie sagten: Ist das nicht Jesus, der Sohn Josephs, dessen Vater und Mutter wir kennen?)

Maria wird hingegen vielfach in den Kindheitsgeschichten und im weiteren Text der Evangelien, auch in zwei Markus-Perikopen, sowie in der Apostelgeschichte und im Galaterbrief (4,4) erwähnt; hier allerdings nicht namentlich. *Als aber die*

Zeit erfüllt war, sandte Gott seinen Sohn, geboren von einer Frau und dem Gesetz unterstellt.

Deshalb hat sich die Legende Josephs besonders angenommen; seine schwer verständliche Lage wird mit dem Begriff Nährvater umschrieben. Schon in den Apokryphen wird versucht, ein Bild zu formen. Wenn er auch in den Weihnachtsdarstellungen der Kunst keine dominierende Rolle spielt, wird er doch vielfach und sehr vielseitig als Helfer und Betreuer der Heiligen Familie dargestellt, meist allerdings als älterer Mann, der jenseits von gut und böse ist. Damit glaubte man, die → Jungfräulichkeit Mariens plausibel darstellen zu können.

Es gibt keine Aussage von ihm. Der Autor Martin Gregor-Dellin nennt ihn in seinem sehr lesenswerten Essay „Joseph, das eigentliche Wunder" den Wortlosen. Er gilt als wenig bedeutsam, wenn auch fromm. Ganz nah ist da der biblische Begriff von gerecht, wie er dem Stammvater Abraham beigegeben ist. Gehorsam folgt er dreimal dem Wort des Engels, der ihm im Traum begegnet; als er von der Bedeutsamkeit der Schwangerschaft Mariens hören muss; dann beim Aufruf zur Flucht mit der Familie und bei der Aufforderung zur Rückkehr.

Wie alt er damals war, in welchem Alter und wann er starb, wissen wir nicht, er liebte das Mädchen Maria, und die wird schwanger. Sein gutes Recht wäre es gewesen, sie der Schande auszuliefern. Das hätte nicht in das Konzept gepasst, aber vielleicht hat er sie dafür auch viel zu sehr geliebt. Er grübelt über die Situation. Im Schlaf hat er einen Traum. Ein anderer, nicht Maria, gibt ihm die einleuchtende Erklärung; er hört und gehorcht dem himmlischen Boten, der ihm im Traum vom außergewöhnlichen Geschehen mit Maria berichtet. Er ist gerecht und beschließt im Vertrauen auf den Engel, Maria zu sich zu nehmen, weil er sie liebt. Er wird zum Beschützer und Ernährer des Knaben Jesus und seiner Mutter und gilt als Jesu Vater. Der Zwölfjährige spricht vom Tempel als dem Haus seines Vaters, aber Maria und Joseph verstanden seine Worte nicht. Ob Joseph jemals seine Rolle verstanden hat, weiß man nicht. Aber er hat vertraut, geglaubt und geliebt, ein lebendiges Vorbild in der Religion der Liebe, wie sich das Christentum so gerne nennt.

Die Theologie hat ihn nicht sonderlich wahrgenommen. Die Liturgie feierte den Handwerker Joseph seit Papst Pius XII am 1.Mai, dem allgemeinen Tag der Arbeit mit einem besonderen Fest, das inzwischen von einem weiteren Marienfest verdrängt wurde.

Joseph verschwindet aus der Geschichte so unvermittelt, wie er hineingekommen ist, ohne eine richtige Biographie. Seine Gestalt umspinnt die fromme Legende.

Jungfrau, Jungfrauengeburt, Jungfräulichkeit: Wieso steht der Begriff bei Paulus nicht, für den ansonsten Jungfräulichkeit um des Himmels willen einen hohen Stellenwert hat? Eventuell benutzte er die hebräische Bibel und nicht die Septuaginta, in der *alma* mit *parthenos* übersetzt wurde, was zu der Verengung führte. *Alma* ist aber eine junge, geschlechtsreife Frau. Der Aspekt liegt nicht darauf, dass sie noch jungfräulich ist, sondern dass sie jetzt zur Frau gereift ist und gebären könnte.

Unter Jungfrauengeburt versteht die Kirche, dass Jesus nicht durch Zutun eines irdischen, menschlichen Vaters gezeugt und geboren wurde, sondern durch einen direkten Akt göttlichen Wirkens, die sogenannte Überschattung des Heiligen Geistes. Dabei soll der menschliche Leib Jesu nicht *ex nihilo* (aus dem Nichts) entstanden sein. Die kirchliche Tradition besagt, dass Jesus „sein Fleisch von Maria nahm".

Ein vielfältig durchgedachtes Theologumenon*, das von der Katholischen Kirche zum Dogma erklärt wurde und nach einer Formulierung der Legenda Aurea in unseren Tagen Karl Rahner noch einmal formuliert, Maria sei jungfräulich vor, in und nach der Geburt. Schwer nachvollziehbar, weil man immer geneigt ist, dass als Beweis ein biologischer Sachverhalt beschrieben wird, wie eine der beiden Wehmütter zur Entlastung des Joseph in der Legenda handgreiflich erprobt.

Aber es ist dies eine theologische Aussage und will bedeuten, dass Maria, wie als Topos durchaus in der Umwelt bekannt, herausgehoben ist aus dem menschlichen Umgang und ganz in die Verfügung der göttlichen Macht gestellt wurde. Die göttliche Kraft, nicht menschliches Tun, bewirkt das Geheimnis neuen Lebens. So wurde im Alten Ägypten die Mutter des Pharao, der Sohn Gottes war, mit der Thronerhebung zur Jungfrau erhoben, um damit zu zeigen, dass der Sohn nicht aus menschlicher Verfügung zum König erhoben war.

Wenn also von der jungfräulichkeit Marias im NT geschrieben ist, steht das weniger für Heiligung und Hervorhebung der Frau, sondern dafür, dass der Emmanuel auserwählt und aus Gott geboren werden soll, nicht nach irgendeinem menschlichen Willen und menschlicher Verfügung.

Dass Lk 2,23 das AT in Erinnerung ruft: „Jedes erste Männliche, das den Mutterleib öffnete (Exodus 13,2 und 11) …", war in der frühen Kirche anscheinend kein sonderliches Problem. Ebenso wenig *22 Dann kam für sie der Tag der vom Gesetz des Mose vorgeschriebenen Reinigung. Sie brachten das Kind nach Jerusalem hinauf, um es dem Herrn zu weihen.* So der biblische Text, nicht von Reinheit und Unversehrtheit.

Jungfräulichkeit mit Reinheit (was immer das heißt), mit Unversehrtheit im biologischen Sinne zu identifizieren, ist weitergeführte Spekulation, die schließlich auch zu dogmatischen Festlegungen führt, die nicht unbedingt im Bibeltext verankert sind, aber aus der Geisteshaltung derer zu erklären sind, die sie forciert haben. Leider wurde es weitgehend versäumt. auf den spirituellen Wert hinzuweisen. Fast alle Erklärungen landen bei einem biologischen Argumentieren. → *Unbefleckte Empfängnis*

Krippe: Eine Krippe ist eine Futterraufe für die Tiere und nicht eben eine menschliche Lagerstätte. Das will uns Lukas sagen mit dem Bild der Krippe. Ärmlich und unter den Ärmsten wurde Jesus Mensch. Die Hirten hatten zur damaligen Zeit kein Ansehen mehr, anders als noch Abraham oder vor allem David. Es gab auch andere Arme, aber dass Hirten diese Rolle bei der Geburt Jesu spielen, kann auch eine kleine Anspielung auf die Abstammung von David sein. Wo diese Krippe gestanden hat ist nicht auszumachen.

Was tun Ochs und Esel an der Krippe? Ist es Josefs Esel, wohl kaum. Die Erwähnung geht auf das Jesaja-Wort (1,3) zurück: „Der Ochse kennt seinen Besitzer und der Esel die Krippe seines Herrn; Israel aber hat keine Erkenntnis, mein Volk hat keine Einsicht". Das erklärt wie Ochs und Esel an die Krippe kommen. Ein Erfüllungszitat wie viele andere. Die Windeln spielen an auf Weisheit 7,3–5:

3 Geboren atmete auch ich die gemeinsame Luft, ich fiel auf die Erde, die Gleiches von allen erduldet, und Weinen war mein erster Laut wie bei allen.
4 In Windeln und mit Sorgen wurde ich aufgezogen;
5 kein König trat anders ins Dasein.

Hier verkündet Lukas den Mensch gewordenen König, den Messias.

Maria: Mutter Jesu. Ihre Lebensgeschichte lässt sich nicht ganz aus den biblischen Angaben rekonstruieren. Sie ist Vorbild der Glaubenden (vgl. z. B. Lk 1,45 mit Gen 15,6; Abraham). Je mehr die Urkirche in das Geheimnis Jesu eindrang, desto höher wuchs die Achtung vor seiner Mutter. Die älteste Erwähnung der Mutter Jesu in Gal 4,4 will nur betonen, dass der Sohn Gottes ein wirklicher Mensch „unter dem Gesetz" war. Am meisten von M. spricht (mit zahlreichen Anspielungen auf das AT) die Kindheitsgeschichte bei Lk 1. Danach wohnte M. in Nazaret und war mit Josef verlobt (vgl. Mt 1,18). Der Lobgesang M.s, Magnifikat, ist z. T. nach atl. Vorbildern gestaltet.

Außerhalb der Kindheitsgeschichte Jesu berichten die synoptischen Evangelien nur noch, dass Jesus M. und seine Brüder (Brüder des Herrn) zurückweist (Mk 3,31–35 par) und über den Lobpreis seiner natürlichen Mutter den der Glaubenden stellt (Lk 11,27f). Im Johannesevangelium steht M. am Anfang von Jesu Wirken (Hochzeit zu Kana, Joh 2,1–5) und an seinem Ende (Kreuz, Joh 19,25ff).

Ohne zu harmonisieren, seien hier die wenigen Textstellen der Kindheitsevangelien genannt, in denen Maria direkt angesprochen ist. Matthäus spricht davon, dass Maria mit Joseph verlobt war und dass sie, noch ehe sie miteinander lebten, vom Heiligen Geiste empfangen hatte (1,18). Joseph, der nach jüdischem Recht als ihr Mann angesehen wurde, erhielt den Auftrag, trotz der schwer fasslichen Vorgänge, Maria seine Frau zu sich zu nehmen (1,20). Lukas berichtet von der Jungfrau Maria, die verlobt war mit Joseph (1,27). Nach des Engels Wort hat sie Gnade gefunden bei Gott (1,34). Sie fragt verwundert, dass sie keinen Mann, das heißt, dass sie verlobt, einem Mann versprochen, jedoch noch nicht heimgeführt war

(1,30). Es gibt Stimmen in der Mariologie, die daraus schließen wollen, Maria habe Jungfräulichkeit gelobt. Das wäre nicht mit ihrem Status als Verlobte Josephs zu vereinbaren.

Sie hört das Wort Gabriels und akzeptiert, was mit ihr geschehen soll (1,38). Es folgt der Besuch bei Elisabeth (1,39–56).

In Lukas 2,5 heißt Maria noch die Verlobte Josephs, obwohl sie anscheinend schon zu seinem Hausstand gehört, als sie mit ihm nach Bethlehem zog. Lukas waren die juristischen Verhältnisse wohl nicht so vertraut, dass man sich darin auf ihn verlassen dürfte. Joseph hatte sie schon deshalb mitgenommen, weil sie unmittelbar vor der Geburt stand (1,5.6). Was dann die Hirten erzählten, war für alle verwunderlich und Maria bewahrte diese Worte und erwog sie in ihrem Herzen (2,19). Ist das nicht erstaunlich nach der Begegnung mit dem Engel Gabriel. Und auch bei dem, was Simeon von Jesus sagte verwunderten sich sein irdischer Vater und seine Mutter, als hätte es nie eine Begegnung mit dem Engel gegeben (2,33). Auch die Texte aus Lk 2,19 und 24 passen schwer in das Bild, das die Mariologie ausgeformt hat:

19 Maria aber bewahrte alles, was geschehen war, in ihrem Herzen und dachte darüber nach.
24 Auch wollten sie ihr Opfer darbringen, wie es das Gesetz des Herrn vorschreibt: ein Paar Turteltauben oder zwei junge Tauben

Selbstverständlich wird davon die theologische Aussage der Texte nicht berührt. Was Mariologen daraus gemacht haben, steht auf einem anderen Blatt. → *Heimführung,* → *Jungfrau, Jungfrauengeburt.* → *Unbefleckte Empfängnis*

Mariä Reinigung, Maria Lichtmeß → Beschneidung

Nazareth: N ist zur Zeit Jesu ein abseits der großen alten Handelsstraßen hoch im südgaliläischen Bergland gelegenes, unbedeutendes Nest. Es ist so wenig in Texten bezeugt, dass man im 19. Jahrhundert bezweifelte, ob es zur Zeit Jesu bereits bestanden habe. Wenn N auch erst im 3. Jahrhundert in christlichen Schriften erwähnt wird, belegen doch Ausgrabungen, dass es schon vor der Zeitenwende ein jüdisches Dorf N.

gab, ohne sonderliche Bedeutung, wie dem Spott Natanaels (Joh. 1,46) zu glauben ist: „Was kann denn schon Gutes aus Nazareth kommen." Mehrere Texte des Neuen Testamentes bringen Jesus mit Nazareth in Verbindung: Mk 1,9; Mt 2,23; 4,13; 21,11; 26,71; Lk 1,26; 2,4.39.51; 4.16, Joh 1,45.46. Das sind gute Bezeugungen, dass Jesus vor seinem Auftreten in Nazareth gewohnt hat. Als Wohnraum hat die Familie Josefs vermutlich eine Erdhöhle benutzt. → *Geburtsort*

Stern von Bethlehem, Stern der Weisen, Weihnachtsstern: Solange die Menschen noch die Bibel wortwörtlich lasen, gab es nicht die Frage nach dem Stern. Erst als man nach dem naturwissenschaftlichen Hintergrund der Texte zu fragen begann und für alles eine Erklärung brauchte, wurde der ein Problem. Große Astronomen haben geforscht und Theorien aufgestellt. So hatte Johannes Kepler (1571–1630) nach den Beobachtungen des Himmels und dem Auftauchen eines neuen Sterns 1604 den als eine Planetenkonjunktion, dem gleichzeitigen Auftreten von zwei Planeten, von Jupiter und Saturn gedeutet, die in diesem wie in etwa jeweils 20 Jahren zu beobachten ist. Etwa alle 258 Jahre kann eine solche Konjunktion dreimal innerhalb eines Jahr gesehen werden und alle 794 Jahre ist sogar diese Konjunktion im selben Sternbild sichtbar, wie zuletzt zwischen August 1940 und Februar 1941. Dieses seltene Schauspiel ließ Kepler nachrechnen, wann früher solche Konjunktionen stattgefunden hatten. Tatsächlich gab es im Jahre 7 vor Christi Geburt eine im Sternbild der Fische. Kepler glaubte nun, dass diese Konjunktion die Weisen vielleicht aus dem Osten geführt hätte. Dabei hat er das seltene Schauspiel für so bedeutsam angesehen, dass die Frage, wie denn der Stern mit einem Mal von Norden nach Süden, von Jerusalem nach Bethlehem gezogen und dort über dem Haus stehen geblieben war, in den Hintergrund trat. Ob je jemand gefragt hat, wie man die Sternbewegung und den Stillstand in Orten die nur wenige Kilometer voneinander entfernt sind, habe beobachten können?

Dass der neue Stern von 1604, die Nova, eine Folge der Konjunktion sei, wurde bald infrage gestellt, aber das Bemühen der Astronomen, die Konjunktion von Jupiter und Saturn zum *Stern zu erklären, taucht seitdem immer wieder in den

Nachrichten und Zeitungen auf. Selbst an und für sich solide Bücher versuchen, diese Meinung auf teilweise abenteuerlichen Wegen zu erklären. Dass nach der Entdeckung und Entzifferung babylonischer Keilschriften im Jahre 1925 die Konjunktion für das Jahr 7 beschrieben wurde, ist zwar reizvoll und bestätigt die Berechnungen Keplers, ist aber kein Beweis für die alte Meinung, es habe sich um den *Stern gehandelt.

Bei all diesen Erklärungen wurde ja nicht berücksichtigt, dass Matthäus nicht Reporter war, sondern Theologe mit großen Bibelkenntnissen und vorzüglicher Gestaltungs- und Kompositionskraft.

Seine Idee, dass im Alten Testament prophezeit sei, dass Jesus der Messias sei, ließ ihn nach allen möglichen Zitaten suchen, die seine These belegen könnten. Dabei versuchte es auch Stellen der Schrift so zu interpretieren, dass sie in seine Theorie passten. Sein Zitat aus Micha und 2 Samuel zu der Stadt Bethlehem als der Davids- und Geburtsstadt Jesu, das die Schriftgelehrten dem Herodes für die Weisen sagten, ist ziemlich freizügig gewählt und interpretiert. Seine Kenntnis der Bibel erlaubte ihm die Weissagung Bileams in Numeri 24 aufzugreifen, wo es heißt: *17b Ein Stern geht in Jakob auf, ein Zepter erhebt sich in Israel.*
→ *Drei Magier, Könige, Weise*, → *Flucht nach Ägypten*

Träume Josephs: Wie schon im Alten Testament vermitteln die Boten Gottes ihren Auftrag häufig im Traum, so den *Magiern, vor allem aber *Joseph. Er wird durch einen Anruf Gottes von dem Engel, der im ersten Traum erscheint über das Geschehen um Maria informiert und aufgefordert, nicht von seinem Recht der Lösung seiner Verlobung mit ihr Gebrauch zu machen, sondern sich in die dienende Rolle des stellvertretenden Vaters für das kommende Leben zu begeben.

Als Herodes dem Kind nach dem Leben trachtet, erträumt Joseph wieder einen Auftrag, sich mit der Familie nach Ägypten zu begeben. Vor der Rückkehr aus Ägypten erhält er in einem weiteren Traum die Aufforderung zur Rückkehr nach Palästina. Aber er begibt sich nicht an den Geburtsort, sondern nach Galiläa. Dass dies alles nicht zu harmonisierende Geschichten sind, ist nicht so entscheidend wie, dass er vom

Himmel im Traum einen Auftrag bekommt, dessen Kern er ausführt, wenn er auch Einzelheiten selbst gestaltet.
→ *Joseph, Heimführung, Verlobung*

Unbefleckte Empfängnis: Das ist eine theologische Aussage über Maria, die ohne den Makel der Erbsünde empfangen wurde, wie die Katholische Kirche als besondere Qualität Marias lehrt, und sagt nichts über die Geburt Jesus aus. Dun Scotus hat die theologische Grundlage für die Lehre von der Unbefleckten Empfängnis gelegt; er heißt nicht umsonst der „Dunkle".

Das heißt und meint nicht, Maria habe ihren Sohn ohne Makel, als der eine biologische Verletzung der Jungfräulichkeit und aufgrund der geschlechtlichen Vereinigung mit Joseph empfangen, und als sei selbst die geschlechtliche Vereinigung von Eheleuten mit einem Makel behaftet. Es heißt auch nicht, dass die Geburt ein verunreinigender Vorgang sei. Aber immer wieder wird in der Praxis selbst die geschlechtliche Vereinigung von Eheleuten ein wenig als unrein diffamiert. Bis in die Mitte des letzten Jahrhunderts wurde ein Segen für die Mutter als Aussegnung und Reinigungssegen missgedeutet, als lebten wir noch in der hebräischen Bibel. (→ *Maria Reinigung*) Selbst die Frömmigkeit mancher Theologen geht noch heute merkwürdiger Wege. So heißt es im Stundengebet der Kirche (Stundenbuch III, 1051): *Dein seliger Leib hat Freuden der Mutter gepaart mit reiner Ehre der Jungfrau, dir, der keine glich, wird fürder keine gleichen, denn vor allen Frauen erwählte dich, Einzige, Christus.* Ist das nicht im Grunde eine Verunglimpfung der Mütter?
→ *Jungfräulichkeit*

Verlobung: Die V. stellte ein eindeutiges rechtsverbindliches Eheversprechen dar. Die eheliche Gemeinschaft wurde aber erst nach der Heimholung der Braut durch den Ehegatten, meist ein oder eineinhalb Jahre später, aufgenommen. Die Verlobte gilt bereits weitgehend als Ehefrau, untersteht aber bis zur → *Heimführung* in ihren häuslichen und wirtschaftlichen Verhältnissen weiterhin der Gewalt des Vaters. Bei Tod des Mannes, Scheidung, Ehebruch wurde sie wie eine Verheiratete behandelt.

Weihnachten: Das Geburtsdatum Jesu ist nicht bekannt und trotz unzähliger Versuche nicht erkennbar, nicht einmal mit den astronomischen Berechnungen (→ Stern) errechenbar. Um 200 wurden durch Klemens von Alexandrien der 20. Mai oder der 20./21. April als Geburtstag genannt. Warum wir das Fest der Geburt in der geweihten Nacht am 25. Dezember feiern ist jedenfalls nicht schlüssig.

Es gibt mindestens zwei Versuche, dieses Datum zu begründen. Die vermutlich sicherste Begründung ist darin zu suchen, dass die Geburt Jesu, der Sonne der Gerechtigkeit, das römische, im Mithraskult begründete Fest des Sol invictus, des unbesiegten Sonnengottes, das nach der Wintersonnenwende am 25. Dezember gefeiert wurde, verdrängen sollte. Im 2. und 3. Jahrhundert stand der Mithraskult in starker Konkurrenz zum Christentum, das durch Kaiser Konstantin schließlich obsiegte. Seit 354 wird der 25. Dezember sicher im Westen als Geburtstag Jesu begangen. Römische Quellen setzen ihn indirekt schon seit 336 voraus. In der östlichen Kirche ist Epiphanie, Erscheinung des Herrn (in und vor der Welt wäre zu ergänzen), der Geburtstag Jesu.

Kaiser Aurelianus hatte 274 die Reichseinheit wieder hergestellt und wurde als „Restitutor Orbis", „Wiederhersteller des Erdkreises", gefeiert. Es erhob den Sonnengott seiner Heimat Illyrien, den Sol Invictus (die unbesiegte Sonne), zum höchsten Staatsgott und weihte am 25. Dezember 274, dem Geburtstag des Invictus, seinen prachtvollen Tempel in Rom ein. Ob schon um diese Zeit die Versuche begannen, für den Geburtstag Jesu diesen Tag zu belegen, ist umstritten.

Eine zweite Deutung geht von der jüdisch-christlichen Christlichen Kalenderberechnung und der schon früheren Errechnung des bedeutsameren Todestages Jesu aus Anfang und Ende Jesu, Verkündigung und Geistzeugung Jesu sowie der Karfreitag wurden für denselben Monat angenommen. Daraus ergab sich dann, dass im 14. Nissan, dem 7. Kalendermonat, die Verkündigung gefeiert worden sein soll und entsprechend neun Monate später die Geburt.

Dass der 25. des Monats März schon im 15. Nissan lag ist bei den Kalenderberechnungen übersehen worden. Das ist eine Konstruktion, die auf das Beispiel des Lukas von dem erbärmlichen Anfang und Ende Jesu zurückgehen könnte, aber weniger wahrscheinlich ist.

Es ist ein religionsgeschichtliches Phänomen, dass Orte und Feste älterer Gottheiten von neuen Religionen überlagert werden um sich an den heiligen Orten als die wahre Religion zu etablieren.

Gefeiert wurde Weihnachten seit alter Zeit in drei feierlichen Ämtern, dem Gottesdienst zur Mitternacht, der Weihnachtsmette, dem Gottesdienst in der Morgenröte, Hirtenamt, und am Tage, dem Engelamt. Aus praktischen Gründen, lange Fußwege der Gläubigen, wurden später an die Mette zwei stille Messen angehängt; ein Brauch, der mit der Liturgiereform zu Recht wieder abgeschafft wurde. Drei unterschiedliche Messformulare für Weihnachten sind nach wie vor im Messbuch. In Rom feierte man die Geburtsmesse in der Großen Marienkiche, die zweite in S. Anastasia, die dritte in der Weltkirche St. Peter. Von Köln weiß man, dass der Erzbischof bis zur Verweisung aus der Stadt die Mette im heutigen St. Maria im Kapitol feierte, einer Kirche, die an die Geburtskirche in Bethlehem erinnert, die zweite im alten Dom bei St. Peter, das ist die Cäcilienkirche, und die dritte im Neuen Dom, dem Vorgängerbau des gotischen Doms. Das geschah nach dem Brauch in Palästina, wo die Mette in Bethlehem gefeiert wurde, die anderen Messen in Jerusalem.

Die erste Weihnachtskrippe, so sagt man, hat der heilige Franziskus nach seinem Besuch von Palästina im Jahre 1223 in Greccio aufgebaut.

Der erste Weihnachtsbaum ist auf einem Kupferstich von Lukas Cranach d. Ä. aus dem Jahre 1509 zu sehen, eine mit Sternen und Lichtern geschmückte Tanne.

Zunächst sind Lichterpyramiden üblich. 1605 ist der Brauch des Weihnachtsbaums aus Schlettstadt im Elsaß bekannt. 1621 wurde erstmals ein mit Kerzen geschmückter Tannenbaum als Paradies- und Lebensbaum an der großen Kirchenkrippe in Neustift/Südtirol erwähnt. Seit etwa 1800 kennt man aus gehobenen Kreisen in Zürich, Wien, München den Tannenbaum in der Familie; in Deutschland wurde wohl erstmals in Hamburg ein Christbaum aufgestellt, ein Brauch, der sich dann über fast alle Länder verbreitete.

Zahlensymbolik: Da die hebräischen Buchstabenzeichen auch Zahlzeichen darstellen, glaubt man aus Worten einen Zahlenwert errechnen zu können, der dann eine bestimmte Bedeutung hat. Ausführlich ist die Zahlensymbolik der Bibel, Altes und Neues Testament, dargestellt in dem Buch von Huthmacher. An einigen ganz auffälligen Beispielen soll sie hier dargestellt werden.

Jedem geläufig ist die Besonderheit der Zahl zwölf; zwölf Stämme Israels und die zwölf Apostel.

Die Zahlenwerte des Namens DVD lauten 6, 4, 6 (David wie im Hebräischen üblich ohne die Vokalzeichen); ihre Summe beträgt 14. Die 14 ist die Verdoppelung (Verstärkung) von 7, der Zahl der Vollendung von Himmel und Erde. Und dreimal vierzehn ist somit nochmals eine besondere Steigerung, so im Stammbaum Jesu bei Matthäus. Jesus ist der dreifache David, der vollmächtige, messianische König. Die drei ist die einzige Zahl in der Anfang, Mitte und Ende eine Einheit darstellt. Sie gilt in allen Kulturen als die Zahl der wirklichen Einheit und ist eine heilige Zahl, wie die vielen Göttertriaden in den Religionen aufzeigen oder auch die Dreifaltigkeit, der Gott in drei Personen.

Matthäus hat in seinem 1.und 2. Kapitel je 26 Sätze. 26 ist die Zahl des Namens Jahwe, geschrieben JHWH; in Zahlen 10-5-6-5 = 26. Damit das besondere Walten Jahwes in der Geschichte des Stammbaums (1) und der Kindheit Jesu (2) bekräftigt.

Auch Lukas kennt die Zahlensymbolik. Kyrios in der Septuaginta für Jahwe kommt in der Kindheitsgeschichte des Lukas 26 mal vor.

Die Verkündigung weist zwei Besonderheiten auf. 112 Worte spricht der Engel, das ist die Summer der Zahlenwerte für Jahwe Elohim (26 + 86), der die Botschaft sendet. Die übrige Perikope hat noch 99 Wörter, das ist die Summe von Elohim echad (86 + 13), Gott der Einzige, der wirkt.

Die Geburtsperikope besteht aus 73 Wörtern; 73 ist die Zahlensumme für das hebräische Chokmah, Weisheit.

Der Bericht von der Namensgebung Jesu (das heißt: Jahwe ist Heil oder rettet) umfasst 26 Worte.

Jesu Taufe und Herkunft (Lukas 3,21–38) umfasst 208 Wörter. Das ist 26 × 8 und bedeutet: Jesus der Mensch gewordene Jahwe, der aus der Welt Gottes kommt, die jenseits der Sieben-Tage-Welt liegt, aus der Welt der 8.

Die 84 Jahre der Seherin Anna sind eine Vollkommenheitszahl, gottgeschenkte Abrundung ihres gesegneten Lebens von 7 × 12 Jahren.

Fast jedem ist die Bedeutung der Zahl 40 aus der Sintflutgeschichte bekannt, sowie vom Verbleib des Mose auf dem Horeb, vom Zug der Israeliten durch die Wüste, vom Wüstenaufenthalt Jesu, ehe sein öffentliches Wirken begann. Allen gemeinsam ist da eine Zeit der Erwartung und Vorbereitung. Selbst im säkularen Bereich galten vierzig Tage Quarantäne für ein seuchenverdächtiges Schiff.

Siehe auch die Erwähnung im Stichwort → *Beschneidung*.

Noch bis zum Zweiten Vatikanischen Konzil war ein „Vierzigstündiges Gebet" ein beliebter Brauch.

Zwölfjährige, der: Auffällig ist, dass die Perikope vom 12-jährigen Jesus nicht bei dem „hebräischen" Schriftgelehrten Matthäus steht, sondern bei Lukas. Nicht nur aus dieser Stelle ersieht man, dass Lukas eine besondere Bedeutung dem Tempel zuschreibt. Schon bei der Darstellung vor Simeon spielte der Bezug zum Tempel eine Rolle. Der Zwölfjährige war fast im Bar-Mizwah-Alter (13. Lebensjahr), an dem ein jüdischer Junge die ersten religiösen Pflichten zu übernehmen hatte. Ob es diese Einführung in die Pflichten zur Zeit Jesu schon gab, ist allerdings umstritten. Dass Jesus mit zwölf Jahren wieder in den Tempel geführt wird, mag zu biblischen Zahlensymbolik gehören oder der literarischen Vorlage entsprechen. Größen der antiken Umwelt galten als Kind oft schon besonderes mit geistigen Gaben ausgestattet. So berichtet der jüdische Schriftsteller Josephus von sich, so wird von dem jungen Kyros erzählt, von Plutarch, Alexander und anderen. Vielleicht auch nur ein damals gebräuchlicher Topos, den Lukas aufgreift um die Besonderheit Jesu darzustellen.

Vorgeformt fand Lukas den Kern der Geschichte des überragenden Wissens Jesu und seines klugen Fragens in der Erzählung vom ägyptischen Si-Osire (Sohn der Osiris), dessen Geburt im Traum seiner Mutter verheißen und der schon im Mutterschoß Anzeichen seiner wunderbaren Natur zu erkennen gab. Von dem Einjährigen sagten die Leute, er sei zwei, von dem Zweijährigen, er sei drei. „Der Knabe wuchs heran … (und wurde) in die Schule geschickt. Nach kurzer Zeit wusste er alles besser als der Lehrer. Er begann die heiligen Texte zu sprechen mit den Schreibern im Lebenshaus des Ptah. Alle, die ihn hörten, betrachteten ihn als ein Wunder des Landes … Als der Knabe Si-Osire zwölf Jahre alt war, verhielt es sich so, dass es keinen Schreiber oder Gelehrten in Memphis (der Hauptstadt von Ägypten) gab, der sich im Lesen und Schreiben von Zaubersprüchen mit ihm hätte vergleichen können".

Auch Jesus ist auffällig begabt, hört zu und fragt. „Die ihn aber hörten, gerieten außer sich ob seiner Einsichten und Antworten. (Lk 2,47)

Dieser Ägyptizismus, wie auch andere des lukanischen Autors, seine Gewohnheit aus der Septuaginta zu zitieren, sein Griechisch usw., könnten ein Hinweis darauf sein, dass man ihn in Alexandrien beheimaten muss.

Worterklärungen

Antitypos → *Typologie*

Apokryphen sind fromme Texte biblischen Inhalts, die nicht in die offizielle Bibel aufgenommen wurden. Luther versteht unter Apokryphen die alttestamentlichen Texte, die nicht in der Hebräischen Bibel stehen, sondern zur griechischen Übersetzung, der Septuaginta gehören; sie werden von der katholischen Kirche deuterokanonisch genannt.

Midrasch/Midraschim: In der jüdischen Tradition im weiteren Sinne: Forschung Lehre. Im engeren Sinn die Auslegung der Texte in oft erzählender Form.

Perikope heißt ein Abschnitt, der innerhalb der Liturgie des Gottesdienstes oder des Stundengebetes benutzt wird.

Septuaginta: Griechische Übersetzung der Hebräischen Bibel um einige Bücher erweitert. Von angeblich 70 (griechisch = septuaginta) Gelehrten in Alexandrien angefertigt.

Synopse nennt man die Zusammenschau, das heißt die nebeneinander gestellten Textstellen, die bei den drei Synoptikern, Markus, Matthäus und Lukas gleich oder annähernd gleich, also vermutlich voneinander abhängig sind. Entsprechend heißt synoptisch nebeneinander gesehen.

Theologumenon ist ein theologischer Satz, der (noch) nicht als verbindliche Lehre der Kirche formuliert wurde.

Typologie. Ein in der Kunstgeschichte üblicher Terminus für Gegenüberstellungen altestamentlicher Personen, Dinge, Gegebenheiten, die nach der Bibelinterpretation auf Jesus vorausweisen, mit den entsprechenden Szenen aus Jesu Leben, beispielsweise alttestamentlich Verschlingen und Ausspeien des Jonas, neutestamentlich Auferstehung/Auferweckung Jesu.

Vulgata, die allgemein gültige, gemeint ist die lateinische Bibelübersetzung, die auf die Übersetzung des hl. Hieronymus zurückgeht und in der lateinischen Kirche als verbindlicher Text gilt. Nach dem Zweiten Vatikanischen Konzil wurde sie im Auftrag Papst Pauls VI revidiert und Neovulgata genannt.

Nachwort

Hier schließt sich der Kreis unseres Bandes. Wir haben gesehen, dass uns Matthäus und Lukas in erzählenden Deutungen (im jüdischen Verständnis als Midraschim, Einzahl Midrasch* bekannt) eine theologische Wirklichkeit vor Augen geführt haben, die in dieser Form viel einprägsamer und anschaulicher vorgestellt werden konnten als in abstrakten Formulierungen.

Es sei noch einmal an den Beginn, die Taufe Jesu, erinnert und die unterschiedliche Darstellung ein und desselben Geschehens. Wir haben gesehen, dass sie ganz geprägt ist von der Intension des jeweiligen Autors.

Als historisches Ereignis sind die Erzählungen der Kindheitsgeschichte eher unwahrscheinlich. Wieso sollte der misstrauische Herodes sich auf die ihm fremden Magier verlassen haben, ohne in dem wenige Wegstunden entfernten Bethlehem selbst nachzuforschen und seine Spione erkunden zu lassen, was es mit dem angeblich neugeborenen König auf sich habe. Seine Konsequenzen, das Kindermorden, wäre durchaus glaubhaft gewesen, denn er war für seine selbst gegen Verwandte ausgeübte Grausamkeit bekannt. Aber selbst jüdische Quellen, ob nun wohlgesonnen oder kritisch, wissen nichts von dem angeblichen bethlehemitischen Kindermord. Die Erzählung ist parallel zum Mordgeheiß des Pharao zur Zeit des Mose konstruiert.

Lukas, so haben wir gesehen, weiß nichts von den Magiern, der Flucht nach Ägypten, dem späteren Umzug nach Nazareth, wie es nach Matthäus in der Schrift steht; für Lukas ist es eine Rückkehr.

Der Kern aber immer bleibt, Jesus ist auch wahrer Mensch und der von Gott vielfach im Alten Testament versprochene Messias, der Retter der Welt. Obwohl bei Matthäus Jesus erscheint als der von Anfang an von den Führern Israels verfolgte und nicht akzeptierte Messias, dessen Herkunft ihnen nicht frei von Zwielicht ist.

Und kein Stern stand über Bethlehem. Aber ist vielleicht etwas von der Poesie und Schönheit der Weihnacht verloren gegangen durch unsere Beschreibungen und Erläuterungen, oder ist die Erklärung und Einordnung der Texte nicht vielleicht doch ein Zugewinn?

Frohe Weihnachten auch in Zukunft!

Benutzte Literatur

Bibel. Einheitsübersetzung, Stuttgarter Multimedia Bibel, 2 CDs. Stuttgart 2003.

Bibel, Jerusalemer. Freiburg/Br. 1968.

Bieger, Eckhard: Das Kirchenjahr zum Nachschlagen. Entstehung – Bedeutung – Brauchtum. München 1985.

Bösen, Willibald: In Bethlehem geboren. Die Kindheitsgeschichte der Evangelien. Freiburg/Br. 1999.

Bösen, Willibald: Galiläa als Lebensraum und Wirkungsfeld Jesu. Eine zeitgeschichtliche und theologische Untersuchung. Freiburg/Br. 1985.

Brunner-Traut, Emma: Altägyptische Märchen. Mythen und andere volkstümliche Erzählungen. München 8. Aufl. 1989.

Cornfeld, Gaalyahu/Botterweck, Gerhard Johannes (Hg): Die Bibel und ihre Umwelt. Eine Enzyklopädie der Heiligen Schrift in zwei Bänden. Herrsching 1991.

Dohmen, Christoph: Von Weihnachten keine Spur? Adventliche Entdeckungen im Alten Testament. Freiburg/Br. 2. Aufl. 1998.

Endres, Franz Carl/Schimmel, Annemarie: Das Mysterium der Zahl. Zahlensymbolik im Kulturvergleich. Köln 1984.

Flavius Josephus: Jüdische Altertümer. Wiesbaden 11. Aufl. 1993.

Frankemölle, Hubert: Matthäuskommentar 1. Düsseldorf 1994.

Gesenius, Wilhelm: Hebräisches und aramäisches Handwörterbuch über das Alte Testament. Unveränderter Neudruck der 1915 erschienenen 17. Auflage. Berlin 1962.

Gnilka, Joachim: Das Matthäusevangelium I. Teil (= HThKNT I,1). Freiburg/Br. 1986.

Gnilka, Joachim: Theologie des Neuen Testament (= HThKNT Supplement V). Freiburg/Br. 1994.

Heising, Alkuin: Gott wird Mensch. Eine Einführung in die Aussageabsicht und Darstellungsweise von Mt 1–2, Lk 1–2; 3,23–38. Trier 1967.

Henrichs, Norbert: Kult und Brauchtum im Kirchenjahr. Düsseldorf 1967.

Huthmacher, Hans A.: Symbolik der biblischen Zahlen und Zeiten. Paderborn 1993.

König, Franz/Waldenfels, Hans: Lexikon der Religionen. Freiburg/Br. 1987.

Kroll, Gerhard: Auf den Spuren Jesu. Stuttgart 1978,

Lexikon der Christlichen Ikonographie. Allgemeine Ikonographie, 1. Band Sonderausgabe. Freiburg/Br. 1990.

Lexikon für Theologie und Kirche. 2. völlig neu bearbeitete Auflage, Sonderausgabe. Freiburg/Br. 1986.

Limbeck, Meinrad: Matthäus-Evangelium (= Stuttgarter kleiner Kommentar). Stuttgart 1986,

Lutz, Ulrich: Evangelisch-Katholischer Kommentar zum Neuen Testament. Matthäus I. Neukirchen und Einsiedeln 1985.

Nestle-Aland: Das Neue Testament. Griechisch und Deutsch. Stuttgart 2. Aufl. 1995.

Nova Vulgata Bibliorum Sacrorum Editio. Vatikanstadt Rom 1986.

Philo-Lexikon. Handbuch des jüdischen Wissens. Frankfurt 1992.

Ratzinger, Joseph: Einführung in das Christentum. München 1968.

Sand, Alexander: Das Evangelium nach Matthäus (= Regensburger Neues Testament). Regensburg 5. Aufl. 1965.

Schnackenburg, Rudolf: Die Person Jesu Christi im Spiegel der vier Evangelien (= HThKNT Supplement IV). Freiburg/Br. 1993.

Schneemelcher, Wilhelm: Neutestamentliche Apokryphen I. Die Evangelien. Tübingen 5. Aufl. 1987.

Schnelle, Udo: Einleitung in das Neue Testament. Göttingen 1994.

Schürmann, Heinz: Lukasevangelium 1. Teil (= HThKNT III,1). Freiburg/Br. 3. Aufl. 1984.

Septuaginta. Hg, Alfred Rahlfs. Stuttgart 1979.

Vögtle, Anton: Was Weihnachten bedeutet. Meditationen zu Lukas 2,1–20. Freiburg/Br. 1977.

Werner, Helmut: Lexikon der Numerologie und Zahlenmystik. Frechen o. J.

Jos Rosenthal
Rote Mütze, weißer Bart
Sankt Nikolaus – ein Phänomen

118 Seiten, zahlreiche Abbildungen
ISBN 978-3-7867-8447-0
Topos plus Taschenbuch
Band 447

Ebenfalls bei Topos^plus erschienen

Georg Schwikart / Michael Vogt
Seht, die gute Zeit ist nah
Ein Adventskalender-Lesebuch

128 Seiten
ISBN 978-3-7867-8596-5
Topos plus Taschenbuch
Band 596

Ebenfalls bei Topos^{plus} erschienen

Reinhard Abeln
Ein Fest der Freude
Geschichten zur Weihnachtszeit

128 Seiten
ISBN 978-3-8367-0637-4
Topos plus Taschenbuch
Band 637

Ebenfalls bei Topos^plus erschienen

Christoph Wrembek
Quirinius, die Steuer und der Stern
Warum Weihnachten wirklich in Betlehem war

304 Seiten
ISBN 978-3-7867-8612-2
Topos plus Taschenbuch
Band 612

Ebenfalls bei Topos^plus erschienen

Bernhard Wagner
Frohe Weihnachten
Weihnachtsgrüße damals und heute

*144 Seiten, davon 16 Farbbildseiten
ISBN 978-3-8367-0640-7
Topos plus Taschenbuch
Band 640*